Gerd Schnack
Endlich gut drauf!

Gerd Schnack

Endlich gut drauf!

Gesundheit und Stressmanagement
für Körper, Seele und Geist

Die Deutsche Bibliothek – CIP-Einheitsaufnahme

Schnack, Gerd:
Endlich gut drauf! : Gesundheit und Stressmanagement für Körper, Seele und Geist /
Gerd Schnack. - Moers : Brendow, 1999
(Edition C : C ; 547)
ISBN 3-87067-778-3

ISBN 3-87067-778-3
Edition C, C 547
© 1999 by Brendow Verlag, D-47443 Moers
Einbandgestaltung: Kortüm + Georg, Agentur für Kommunikation, Münster
Titelfoto: Tony Stone / Bruce Laurance
Innenfotos: Gerd Schnack
Satz: Convertex, Aachen
Druck und Bindung: Clausen & Bosse, Leck
Printed in Germany

Inhalt

Vorwort:
Probleme im Stresszeitalter

Viele Menschen leben laut, rastlos, bewegungsarm, und jeder von uns leidet mehr oder weniger unter einem zunehmenden Solidaritätsverlust. Die Freiheit des Einzelnen steht oben auf der Werteskala. Bescheidenheit, Zurückhaltung und Demut scheinen nicht gefragt zu sein, sondern: „Mach, was dir Spaß macht und genieße das Leben auf hohem Niveau!"

Das Paradoxe an dieser Maximalforderung: Wenn alle so handeln würden, dann wäre die individuelle Freiheit nur so viel wert, wie sie auch vom Nachbarn, vom Kollegen, vom Nächsten zugelassen wird.

Individualität, überbetonte Selbstdarstellung, Egoismus und Macht sind nicht unbegrenzt ausbaufähig, auch für sie gelten bestimmte Quantitätsregeln, denn:

Alles ist Gift, allein die Dosierung entscheidet.

In einer Überflussgesellschaft mit betont egozentrischem Verhalten der Konsumenten muss die Aussage der Bibel wie eine revolutionäre Formel klingen:
„Liebe deinen Nächsten wie dich selbst." Diese Aussage meint nicht die vollständige Selbstaufgabe oder Selbstverleugnung. Nein, zu einem verständnisvollen Miteinander, zu allgemeiner Solidarität kann erst dann gefunden werden, wenn jeder von uns sich selbst erkannt hat, seine Grenzen kennt und zu seinen Fehlern und Schwächen

Wer bereit ist, seine Aussagen und Handlungen in Frage zu stellen, hat die höchsten Lebenschancen.

steht. Menschliches Dasein ist und bleibt eng mit Krisen und Missmanagement verbunden. Der allgemeine Weg nach vorn ist aber nur dann geöffnet, wenn wir zu diesen Fehlern stehen, aus ihnen lernen und nicht ständig eine Vogel-Strauß-Politik betreiben. In einem Prozess der Selbsterkennung und Selbstanalyse und unter Wertung unserer Stärken und ohne Missachtung unserer Fehler und Schwächen sind wir dann in der Lage, fair mit unseren Mitmenschen umzugehen und auch den Fremden unter uns die Hand zu reichen.

In der gegenwärtigen Situation geht es primär um die Ursachenbestimmung unterschiedlicher Stressformen und die gezielte Gegenüberstellung eines wirksamen Stressmanagements, um das Leben freundlicher zu gestalten und entscheidend der Entstehung von Krankheiten auf die Spur zu kommen.

Der Mensch verfügt über hervorragende geistige und körperliche Potentiale, die jedoch einer intensiven Förderung, eines wirksamen Schutzes und eines individuellen Trainings bedürfen. Bis ins hohe Alter kann der Mensch wachsen: an Körper, Seele und Geist. Interessant in diesem Zusammenhang ist die medizinische Aussage, dass die Menschen unter uns die höchste Lebenschance haben, die stets bereit sind, ihre Aussagen und ihre Handlungen in Frage zu stellen, die sich bis ins hohe Alter ein kindliches Gemüt erhalten haben. Das Ergebnis dieser Aussage lautet:

„Nimm dich in deinen täglichen Aktionen nicht zu ernst und erhalte die Bereitschaft, über dein Tun und Handeln auch noch lächeln zu können."

Zwei Grundmuster des Menschen kristallisieren sich verstärkt heraus und weisen grundsätzlich in die falsche Richtung:

1. Die Selbstverwirklichung des Menschen mit einer Überbetonung von Besitz und Macht.
2. Obwohl der Mensch von seiner Grundstruktur her tief religiös ist, geht er auf Distanz zum Schöpfer und vernachlässigt dabei auch seine Verantwortung für die Welt.

Es fehlt oft die Zeit zum Genießen, weil wir schon auf das nächste Abenteuer schauen.

Geld ist nicht nur verbunden mit persönlichem Besitz, sogar die Zeit wird in diese Wertung miteinbezogen, denn: Zeit ist Geld.

Die Zeit wird automatisch über dieses Verhalten zur wichtigsten Ressource, und in einer eng geplanten Arbeits-, Reise- und Wertewelt zerrinnt uns die Zeit regelrecht durch die Finger. Modernes Leben ist mit Rastlosigkeit verbunden, und häufig fehlt die notwendige Muße, die schönen Dinge des Tages und der Gegenwart überhaupt wahrnehmen und erkennen zu können. Es fehlt ganz einfach die Zeit zum Genießen, weil die Blickrichtung und die ganze Aufmerksamkeit schon auf das nächste Abenteuer gerichtet ist.

Goethe beschrieb diesen Zustand so: „So taumel' ich von Begierde zu Genuss. Und im Genuss verschmacht' ich nach Begierde."

Gerät unser Leben in dieses Fahrwasser, so ist Stress in unterschiedlichsten Formen vorprogrammiert. Negativstress schlägt schließlich in seiner krankmachenden Wirkung voll zurück, denn der Mensch steht nicht mehr einvernehmlich in seinen Handlungen zum Schöpfer, sondern bestimmt den Kurs seines Lebens selbst.

Kapitel 1
Unterschiedliche Stress-
formen und ihre Ursachen

Stressquelle Nr. 1
Die egoistische Selbstverwirklichung des Menschen unter Überbetonung von Macht, Geld und Besitz

Der eigenverantwortliche Lebensmanager, der alle moralischen Denkansätze über Gut und Böse durch einen eigenen und persönlichen Denkansatz verwirklicht, ist ständig überfordert, denn er muss auch in der Lage sein, für negative Entwicklungen die volle Verantwortung zu übernehmen. Gesundheitliche Probleme sind unter diesen Voraussetzungen nicht vorgesehen. Treten sie unverhofft in Erscheinung, so bricht häufig ein ganzes Lebensbild in sich zusammen. Auf der Erfolgsleiter nach oben sind Misserfolge und Krankheiten in einem umfassenden Programm nicht vorgesehen.

Dieses Konzept funktioniert aber nur mit jungen, gesunden Leistungsträgern, die durch Lob und Anerkennung inspiriert werden. Jeder Künstler auf der Bühne lebt vom Beifall der Zuschauer, denn unter diesem Zuspruch kann er seine Persönlichkeit frei entfalten. Wie sieht aber das Leben eines Schauspielers oder eines Musikers im Stadium der Erfolglosigkeit aus, wenn er nicht mehr die notwendigen Streicheleinheiten über den Zuspruch seiner Fangemeinde erfährt? Genügend Beispiele zeigen den Weg: Einsamkeit, Depression, Alkohol und Drogen, dauerhafte Krankheiten . . .

Eigenverantwortliche Lebensstrategien sind auf Erfolg, auf Gewinnmaximierung und auf Tüchtigkeit programmiert. Man bedient sich der zur Verfügung stehenden Ressourcen, ohne über die Folgen nachzudenken. Eine umfassende Verantwortung für die Schöpfung steht im Widerspruch zu einem Fortschrittsglauben, den Goethe treffend mit seinen Worten skizzierte:

„Dem Tüchtigen ist diese Welt nicht stumm,
Was braucht er in die Ewigkeit zu schweifen,
Was er erkennt, lässt sich ergreifen."

Stressquelle Nr. 2
Perfektionismus und überbetonter Ordnungssinn

Als eigenverantwortlicher Lebensgestalter ist man natürlich darum bemüht, den täglichen Arbeits- und Freizeitplan in exakte Bahnen zu bringen. Missmanagement und Fehlfunktionen schlagen automatisch auf den geistigen Urvater zurück und ständig steht die Frage im Raum: „Was habe ich falsch gemacht, und wie kann ich in Zukunft diesen Fehler verhindern?" In zahlreichen Managementseminaren werden insbesondere die Führungskräfte der Wirtschaft mit den unterschiedlichsten Steuerungsmechanismen vertraut gemacht, damit alle Rädchen im Betrieb perfekt funktionieren und eins ordnungsgemäß ins andere greift. Betrieben wird eine endlose Ursachenforschung, und die Mitglieder eines Unternehmens fungieren nicht als selbstständige Wesen, sie funktionieren als Befehlsempfänger, die delegierte Botschaften in die Praxis umzusetzen haben. Die Kreativität des Einzelnen bleibt in weiten Teilen ungenutzt.

„Nutze den Tag"
ist die Antwort auf
ein Leben, das nur
auf die Zukunft
ausgerichtet ist.

Würde man dagegen einen Untergebenen als selbstständig denkenden und eigenverantwortlich handelnden Kollegen ansehen, ihm durchaus die Erstellung und Verwirklichung eigener Aufgaben zutrauen, so könnten auf diesem Wege ganz neue Ressourcen genutzt werden.

Stressquelle Nr. 3
Die Überbetonung von Ordnung mit Lebenssicherung bis in die ferne Zukunft

Ein umfassender Perfektionismus findet sich bei vielen auch in der Zeit- und Lebensplanung, denn man ist um die Sicherung und Ordnung aller Dinge über Jahre hinaus bemüht. Die logische Folge ist eine Inflation von Sorgen und Ängsten, denn über die tägliche Problemgestaltung baut sich ein Turm unsicherer Strukturen über mögliche Zwischenfälle, die in der Zukunft eintreten können. Wir machen uns also schon heute Gedanken über ferne Lebensabläufe, obwohl wir über deren exakte Entwicklung heute noch keine Aussage treffen können. Kein Arzt ist in der Lage, das Schicksal eines Menschen oder einen Krankheitsverlauf exakt vorherbestimmen zu können. Erlebe den heutigen Tag und gehe nicht achtlos an einer schönen Blume, an einer Blütenwiese vorbei, denn möglicherweise ist sie morgen schon verblüht. Carpe diem! – lautet die Antwort auf ein Leben, das ganz auf die Zukunft ausgerichtet ist.

Stressquelle Nr. 4
Zeitmangel

Alle Lebensformen dieser Welt existieren zeitlich begrenzt, streben also unwiderbringlich ihrem Ende entgegen. Erfolg, Macht, Besitz und Geld können somit von allen Beteiligten nur in einem exakt festgelegten Lebensabschnitt genutzt werden, sodass Gewinnmaximierung in dieser Werteskala hoch angesiedelt ist.

Das Leben auf dieser Erde ist somit einer ständigen Beschleunigung auf der Überholspur gleichzusetzen. Die Zeit verrinnt wie im Fluge und unvorbereitet ist man am Endziel angelangt. Vertraut jedoch der Mensch Gottes Führung, so verliert die Zeit ihre Beschleunigungswirkung, da sie in seinen Händen liegt. Zeit ist immer dann limitiert, wenn sie nur als Messwert auf dieser Erde gesehen wird. Menschen jedoch, die von einem ewigen Leben überzeugt sind, haben Zeit im Überfluss, da es einen Grenzstein am Ende ihres Lebensweges nicht gibt und sie nicht mit Goethe sagen müssen:

„Ich bin nur durch die Welt gerannt;
Ein jed' Gelüst ergriff ich bei den Haaren,
Was nicht genügte, ließ ich fahren,
Was mir entwischte, ließ ich ziehen,
Ich habe nur begehrt und nur vollbracht,
Und abermals gewünscht und so mit Macht
Mein Leben durchgestürmt."

Viele Menschen leben auf der Überholspur.

Stressquelle Nr. 5
Rebelliere nicht gegen Stress, den du nicht verändern kannst

Wir brauchen Stress. Stress gilt als Initialzündung für Bewegung, Aktivität und Kreativität. Allerdings sind Qualität und Quantität zu beachten. Die Industrialisierung und Modernisierung dieser Welt ist eng verbunden mit Lärm, mit Zeitmangel, mit Mobbing als Ausdruck der typischen Ellenbogengesellschaft. Negativstress ist eine objektive Größe und in vielen Bereichen des täglichen Lebens vorprogrammiert.

Hierauf gilt es sich einzustellen. Rebelliere somit nicht gegen Negativstress, der unbeeinflussbar auf dein Leben einwirkt. Du verbrauchst nur unnötig Kraft und Energie.

Chirurgische Feinarbeit ist vielfach äußeren Lärmquellen ausgesetzt, die allerdings auf Protest und Ablehnung nicht reagieren. Man ist gut beraten, sich in Geduld zu üben und stellt als Nebeneffekt der konzentrierten Arbeit fest, dass der störende Presslufthammer an Wirksamkeit verliert.

Spätestens mit dem Untergang der „Titanic" wurde endgültig das Tor zur vollständigen Industrialisierung aufgestoßen. Reisen war nun nicht mehr verbunden mit direkter körperlicher Anstrengung. Umgeben vom Lärm der Motoren, konnten in kurzer Zeit nun große Distanzen überwunden werden. Zur allgemeinen Überraschung musste man jedoch bald feststellen, dass die körperlichen Mühen eingetauscht wurden mit Stress in langen Wartezeiten, plötzlich fand man sich im endlosen Stau auf der Autobahn wieder und wünschte sich den schattigen Rastplatz auf einer Wanderung zurück.

Rebelliere nicht gegen Stress, den du nicht verändern kannst. Akzeptiere ihn, schalte jedoch gleichzeitig alle Register auf Bewältigung.

Stressquelle Nr. 6
Allgemeiner Bewegungsmangel

Von seiner Grundstruktur her ist der Mensch ein Lauf- und kein Sitzwesen. Wir erinnern uns an die intensive körperliche Aktivität im Leben eines Jägers, eines Bauern und eines Handwerkers früherer

Jahre. Menschlicher Geist hat diese Welt verändert, und der heutige Tagesrhythmus wird durch das Rollen von Rädern bestimmt.

◆ Sitzend wird das Frühstück eingenommen.
◆ Im Auto, per Zug oder Bus bewegt man sich an den Arbeitsplatz und wieder zurück.
◆ Moderne Sitzarbeit ist Computertätigkeit am Schreibtisch.
◆ In Sitzposition befördern öffentliche Verkehrsmittel die Menschen zu ihren Zielen.
◆ Sitzender Fernsehkonsum bestimmt den Feierabend.

Laufen, Gehen, intensive Formen allgemeiner Bewegung wurden im Laufe der menschlichen Entwicklung vom Motor abgelöst. Diese Entwicklung kann nicht ohne negative Folgen für die allgemeine Gesundheit bleiben, weil insbesondere die Leistungsfähigkeit des Herzens auf eine allgemeine Ausgleichsbewegung angewiesen ist. Der allgemeine Bewegungsverlust baut sich zu einem fehlerhaften Kreislauf auf, in dem leider Negativstress seine zerstörerische Wirkung voll entfalten kann.

Stress und Bewegungsmangel – unsere Lebenskerze brennt gleichzeitig an beiden Enden.

Stress braucht der Mensch, denn ohne diese Initialzündung wären der Himalaya und der Nordpol weiße Flecken auf der Landkarte geblieben, ohne Stress hätte Kolumbus nicht die Neue Welt entdeckt. Ein Schauspieler auf der Bühne wird ohne Lampenfieber nicht zu Höchstform auflaufen und ein Rennläufer kaum in der Lage sein, den bevorstehenden Wettkampf erfolgreich abzuschließen.
Stress brauchte der Jäger im Urwald, denn über diese Reizschaltung wurden im Angesicht des Bären alle Kampf- und Fluchtreflexe in Aktivität versetzt.

Ganz ohne Stress können wir auch nicht leben! Stress als Initialzündung von Bewegung wird ermöglicht durch eine Nerven-Hormon-Schaltung, über die dem Muskelmotor Kraft und Energie in Form von Zucker und Fett zur Verfügung gestellt werden. Ein durchgedrücktes Gaspedal befördert vermehrt Kraftstoff an den Motor, und dieser Energieschub kann in eine höhere Drehzahl der Räder umgesetzt werden. Beim Menschen drückt sich diese höhere Drehzahl durch die Schlagzahlvermehrung des Herzens, verbunden mit einem Blutdruckanstieg aus, und in der Folge können Arme und Beine den Kampf- und Fluchtreflex umsetzen. Bleibt allerdings nach Stresseinfluss die Ausgleichsbewegung auf der Strecke, wird das vermehrte Kraftstoffangebot des Motors nicht über das schnellere Rollen der Räder umgesetzt, so ertrinkt die Kraftmaschine regelrecht in ihrem eigenen Saft.

Das Burn-out-Syndrom ist Ausdruck von unverarbeitetem Stress. Im Körper wird das typische Kraftstoffgemisch Zucker und Fett nicht über die Ausgleichsbewegung abgebaut. Die Verstoffwechselung von Zucker bereitet im Körper keine Probleme, da hierfür ein Mehrangebot an Sauerstoff nicht vonnöten ist. Fett dagegen braucht zur Verstoffwechselung zusätzliche Energie, die aber vom Organismus nicht zur Verfügung gestellt werden kann. In seinem ökonomischen Bestreben lagert der Körper die nicht benötigte Fettenergie an den Innenwänden der Arterien ab. Dieser Vorgang geschieht solange, bis das Gefäßrohr gänzlich zugesetzt ist.

Unbewältigter Stress in Kombination mit Bewegungsmangel ist nicht selten der Anfang vom Ende, und Herzinfarkt, Schlaganfall sowie periphere Durchblutungsstörungen sind der Preis für ein falsches Körpermanagement.

16

Was Bewegungsmangel bewirken kann

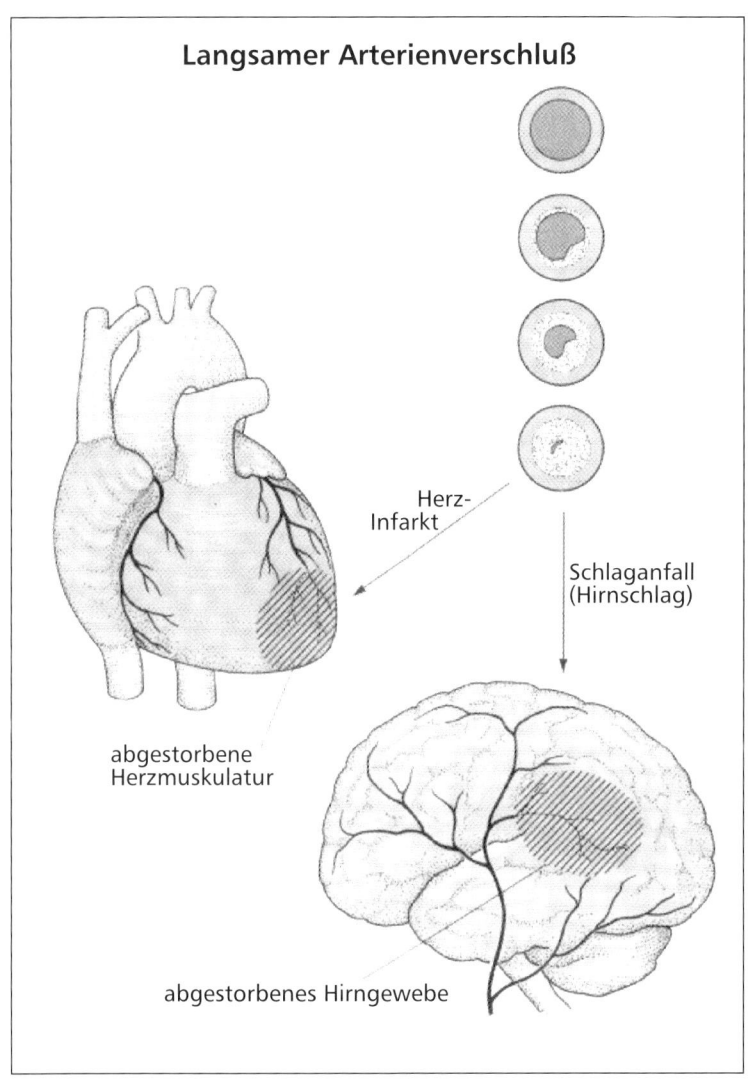

Langsamer Arterienverschluß

Herz-Infarkt

Schlaganfall (Hirnschlag)

abgestorbene Herzmuskulatur

abgestorbenes Hirngewebe

Woran die meisten Menschen sterben

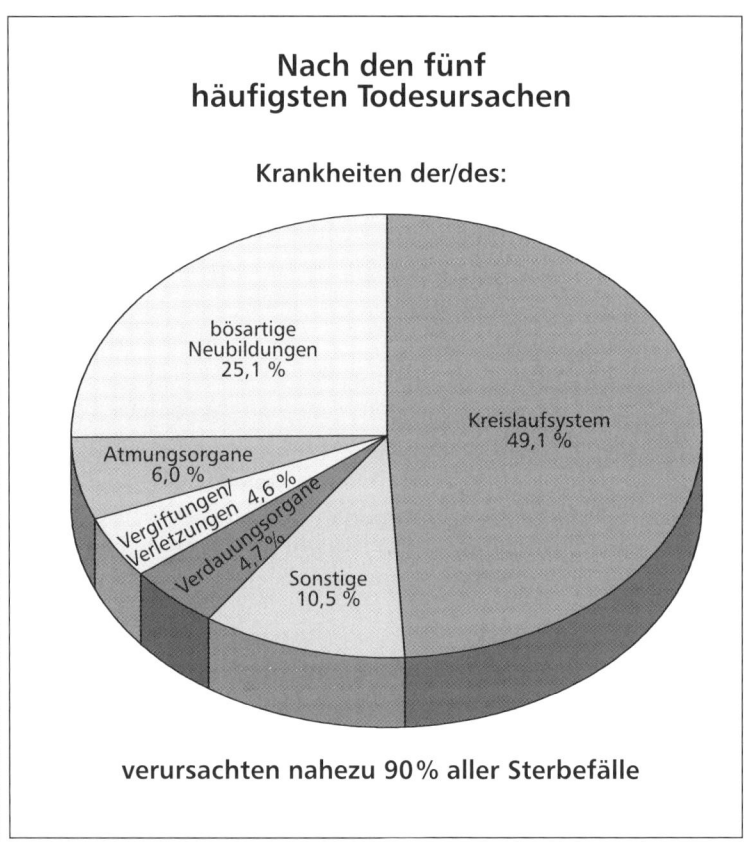

**Nach den fünf
häufigsten Todesursachen**

Krankheiten der/des:

bösartige
Neubildungen
25,1 %

Kreislaufsystem
49,1 %

Atmungsorgane
6,0 %

Vergiftungen/
Verletzungen 4,6 %

Verdauungsorgane
4,7 %

Sonstige
10,5 %

verursachten nahezu 90% aller Sterbefälle

Unverarbeiteter Stress endet nicht selten im Herzinfarkt oder in einem Schlaganfall. In den Industrieländern ist das Herz-Kreislauf-System praktisch zu 50 % ursächlich an den Sterbefällen beteiligt.

Stressquelle Nr. 7
Hände als verlängerte Bedienungshebel von Maschine und Computer

Die stressabbauende allgemeine Bewegung des rechten und linken Beines wurde durch die einseitige Bedienungstätigkeit der Arme und Hände ersetzt. Ein Computer verfügt nun einmal über Tasten, die ständig auf die einseitige Aktivität der Arme und Finger angewiesen sind.

Die neueste Diagnose in dieser negativen Entwicklung heißt „Maus-Klick-Syndrom", wenn nämlich dem rechten Zeigefinger endlose Bedienungsserien abverlangt werden. Die Folge sind regionale und periphere Stressspannungen im Verlauf steuernder und einseitig überforderter Muskel-Sehnen-Gruppen. Die provozierte Spannung ist ein Ausdruck von Gelenkstress, der in diesem Falle als Sauerstoffkiller funktioniert.

RSI heißt die moderne Berufskrankheit und hierbei steht R (Repetition) für den Wiederholungsvorgang, S für die provozierte Spannung in der Muskulatur und I (injury) für Verletzung bzw. Erkrankung. In diesen negativen Formenkreis fallen so bekannte Krankheitsbilder wie:

◆ Sehnenscheidenentzündungen und Tennisellenbogen durch einseitige Überbelastung der Unterarmstreckmuskulatur;
◆ Karpaltunnelsyndrom, schnellender Finger, Dupuytren'sche Kontraktur durch Überforderung beim Faustschluss und bei der Beugung der Finger;
◆ Nacken-, Kopf-, Rückenschmerz als Folge einseitiger Sitzbelastung;
◆ Hüft-, Oberschenkel-, Kniebeschwerden durch die anhaltende Beugeposition im Sitzen;

19

◆ Waden-, Achillessehnen-, Fußprobleme durch permanente Überbelastung der Wadenmuskeln und durch das häufige Tragen von Schuhen mit hohen Absätzen.

Stress braucht Bewegung. Diese wurde dem Menschen jedoch durch Motor, Maschine und Computer genommen. Gleichzeitig erfolgte ein Rollenwechsel in der Aktivität von den Beinen hin zu einer einseitigen Bedienungsarbeit der Hände. Diese Bewegungsverlagerung schädigt auf der einen Seite das Herz durch den allgemeinen Aktivitätsverlust und auf der anderen Seite die einseitig beanspruchten Gelenke. Grundsätzliche Präventionsstrategien sind somit unverzichtbar und Inhalt dieses Buches.

◆ Hab ein Herz für dein Herz – durch allgemeines Stressmanagement über ein atemgesteuertes Ausdauertraining.
◆ Die Gedanken sind frei durch zentrales Stressmanagement über meditatives und kontemplatives Repetitionstraining.
◆ Befreite Gelenke – durch peripheres Stressmanagement über gezieltes Elastizitätstraining.
◆ Helfen statt Herrschen – durch soziales Stressmanagement.

Kapitel 2
Hab ein Herz für dein Herz –
Allgemeines Stressmanage-
ment

Zu allen Zeiten war der Mensch permanenten „Stressgewittern" ausgesetzt, allerdings konnten die negativen Wirkungen auf den Körper jederzeit über die Benutzung offener Fluchtwege kompensiert werden, die inzwischen durch Motor, Maschine und Computer besetzt sind.

Noch einmal zur Erinnerung:
Stress wirkt auf den Menschen als regelrechte Initialzündung auf Bewegung. Erst durch ein entsprechendes Maß an Aktivierungsenergie wurden wir in die Lage versetzt, der Auseinandersetzung mit unserer Umwelt den notwendigen Widerstand entgegenzubringen. Ohne die notwendige Stressenergie hätte der Mensch den Kampf mit dem Bären nicht bestehen können, die Berggipfel und die zahlreichen Ufer ferner Kontinente wären weiße Flecken auf unserem Globus geblieben.

Stress gelangt über unsere Sinnesbahnen an die Wahrnehmungszentrale, und unter Auslösung einer hormonalen Kettenreaktion erfolgt die Mobilisierung des eigentlichen Kampfnervs (Sympathikus), der die Erfolgsorgane auf Bewegung vorbereitet. In der Folge schlägt das Herz schneller, der Blutdruck geht in die Höhe, die Atmung legt zu und der gesamte Muskelmotor erhält die notwendige Energie, damit den Kampf- und Fluchtsituationen über Bewegung begegnet werden kann.

Bis vor etwa 100 Jahren war dieser biologische Kreislauf noch mehr oder weniger in Ordnung, denn der Mensch bewegte sich auf Schusters Rappen durch Wald, Feld und Wiesen oder mit den Armen rudernd auf dem Wasser. Auf diese Weise konnte er die angeforderte Stressenergie unmittelbar verarbeiten.

Während auf der einen Seite die bewegungsfördernde Stresszündung erhalten blieb, verschwand das folgerichtige Kettenglied aus dem komplexen Bewegungssystem. Die biologische Einheit geriet im Laufe der Jahre in eine bedenkliche Schieflage, weil nicht nur die allgemeine Ausgleichsbewegung vernichtet wurde, sondern der Negativstress durch das Auftreten von Lärm permanent zunahm.

Die ausgleichende Körperaktivität des Menschen wurde vertauscht gegen den Lärm und die Unruhe von Maschinen. Inzwischen mutierte das Laufwesen zum Sitzwesen.

In kürzester Zeit werden weite Distanzen im komfortablen Reisesessel zurückgelegt, man braucht nicht einmal mehr den Finger krumm zu machen. Selbst in 10 000 m Höhe kann man das Leben in vollen Zügen in passiver Form genießen, denn während der Radio- und Fernsehunterhaltung servieren freundliche Stewardessen Speisen und Getränke.

Bequemes Leben hat auch seinen Preis. In diesem Falle drückt sich das durch eine bedenkliche Reduzierung persönlicher Aktivierungsenergie aus, die ganz entscheidend dafür verantwortlich ist, ob der Mensch durch das passive Genießen auf hohem Niveau auch wirklich glücklich werden kann. Der Ungar Csikszentmihalyi spricht vom sogenannten Flow-Effekt, der immer dann eintritt, wenn die unterschiedlichen Erlebnisebenen des Menschen nicht durch das reine passive Genießen, sondern über das Einbringen eines hohen Maßes an Aktivierungsenergie gehalten werden.

Im menschlichen Organismus entsteht eine regelrechte Versorgungskrise, wenn die stressinduzierte Kraftstoffquelle nicht zum Fließen gebracht wird, wenn die Zucker- und Fettenergien im Blut nicht durch Bewegung aufgebraucht werden. Der angefeuerte Muskelmotor läuft regelrecht ins Leere, da der Mensch auf die ausgleichende Bewegung verzichtet und sie vermehrt durch Maschinenkraft ersetzt. Wie soll ein Busfahrer im engen Stadtverkehr seinem Ärger freien Lauf lassen? Laut Tarifbestimmungen kann er nur schwer sein Lenkrad verlassen und ist somit ungeschützt dem „Stressgewitter" ausgesetzt. Als zivilisierter Mensch frisst man den Ärger in sich hinein, auch wenn man noch so gerne auf einen lästigen PKW-Fahrer mit den Fäusten zugehen möchte. Das ist eben der Preis, den der Mensch für die modernen Errungenschaften der Zivilisation zu bezahlen hat.
Negativstress in Form von Ärger, Sorgen, Lärm und Mobbing trifft heute ungeschützt und in voller Stärke auf den Menschen und schädigt nachhaltig das Herz und die blutführenden Arterien, da der stresslösende Bewegungsausgleich in den unterschiedlichen Arbeitsvorgängen nicht mehr vorgesehen ist.

Negativstress ohne Bewegungsausgleich ist eine Alarmsituation für das Herz.

Mit der Einführung des Motors ging auch ein Anstieg von Arteriosklerose, Bluthochdruck, Herzinfarkt und Schlaganfall einher, ein hoher Preis, wie ich meine. In der Grundkonzeption allgemeiner Gesundheit des Menschen geht es vorrangig darum, der modernen Industrialisierung Strategien entgegenzustellen, die zum einen den ständig steigenden Trend zum Negativstress stoppen und zum anderen den allgemeinen Bewegungsmangel beseitigen, denn:

Leben ist Bewegung – Bewegung ist Leben.

Nach den Grundsätzen der Präventivmedizin kommt es vorrangig darauf an, auf ursächlichem Wege die gesundheitlichen Folgen von Negativstress und Bewegungsmangel zu beseitigen. Die krankheitsorientierte Leistungsmedizin geht jedoch den anderen Weg, der vornehmlich in der Behandlung von Spät- und Folgeschäden durch Stress und Bewegungsmangel besteht. Sicher werden wir auch in Zukunft nicht ohne die Verordnung von Tabletten, Spritzen und Operationen auskommen. Der Aufwand an Zeit, Mühen, Kosten und Energien ist jedoch wesentlich geringer, wenn im Sinne der Prävention darauf geachtet wird, dass die Zivilisationskrankheit erst gar nicht entsteht.

Dein wichtigstes Medikament findest du in der täglichen Aktivität des linken und rechten Beines.

Durch die Aktivität großer Muskelgruppen (1/6 der quergestreiften Muskulatur) kann die stressinduzierte Energie vollständig verbrannt und verstoffwechselt werden.
Bleibt allerdings dieser ausgleichende Verbrennungsvorgang aus, so wird insbesondere die angeforderte Fettenergie an den Innenwänden der Arterien abgelagert. In diesem Punkt beginnt nicht selten der Anfang vom Ende. Das Gefäßrohr wird starr (Arteriosklerose) und verstopft langsam, der Blutdruck steigt an und am Ende drohen nicht selten für das Herz der Infarkt und für das Gehirn der Schlaganfall.

Stress und Bewegungsmangel schädigen die sauerstoffführenden Arterien und erhöhen das Herzinfarkt- und Schlaganfallrisiko.

24

Wie oft, wie intensiv und wie lange muss der Mensch nun die „Bewegungspille" schlucken? – Ein Leben lang und möglichst täglich, denn:

Aktivität ist der prägende Ausdruck des Menschen auf der Erde.

Bewegung ist jedoch nicht gleich Bewegung. In der Präventivmedizin kommt es insbesondere auf Ausdauertraining an, denn alle Explosionssportarten wie Sprint, Weitsprung, Hochsprung, 400 m- und 800 m-Lauf etc. sind ein Vorrecht der Jugend, die ihre Motivation zur Umsetzung von Aktivierungsenergie durchaus im Wettbewerb finden kann. Ausdauertraining ist dagegen eine Bewegungsform, die der Mensch bis ins hohe Alter mit Freude und gesundheitswirksam praktizieren kann, wodurch gleichzeitig Körper und Geist beflügelt werden.

Über das Ausdauertraining können noch 80-Jährige körperlich und geistig wachsen.

Das körperliche Wachstum drückt sich nicht in cm Körperlänge aus, sondern vielmehr durch

◆ Vergrößerung des Herzens und der Verbesserung seiner Leistung;
◆ Verbesserung der maximalen Sauerstoffaufnahmefähigkeit aller Körperzellen;
◆ Optimierung der Sauerstofftransportkapazität des Blutes;
◆ Zunahme des Muskelmotors und Ausbau der Stoffwechselzentralen in der Muskulatur (Mitochondrien);
◆ Ausbau der natürlichen Immunsituation und Stärkung der allgemeinen Abwehr;

25

- natürliche Gewichtsabnahme auf Dauer und positive Körperumverteilung von Fett zu Muskulatur;
- Vermeidung von Herzinfarkt und Schlaganfall, Diabetes II-Typ und allgemeinen Durchblutungsstörungen;
- Verbesserung des kreativen Gedankengutes und des Neuzeitgedächtnisses.

Ausdauertraining ist die Wunderpille des Jahrhunderts, sie ist richtig dosiert ohne Nebenwirkungen und ein Leben lang wirksam.

Allerdings gilt auch für Bewegung die Regel der optimalen Dosierung, denn:

Alles ist Gift, allein die Dosierung entscheidet.

Beim Veredeln der Speisen kommt es auf die Prise Salz an. In richtiger Dosierung wird die Speise zum Genuss, unterdosiert schmeckt sie fade und versalzene Kartoffeln werden ungenießbar. Die gleichen Regeln gelten beim Umgang mit Bewegung.

**Bewegungsmangel macht krank
Bewegungssucht macht abhängig.**

Ehrgeizige Marathonläufer haben nicht selten das Immunsystem eines Aidskranken, von chronischen Überlastungsschäden des Bewegungssystems einmal ganz abgesehen.

Die tägliche Aktivität des rechten und linken Beines über 30 Minuten ist ein Maß gesundheitsfördernder Aktivität.

Gefragt ist dabei eine Bewegung in moderater Form und möglichst mit Freude umgesetzt. Abschreckend wirkt dagegen die leistungsorientierte Hechelatmung ehrgeiziger Jogger, die vorrangig ihr Ziel im Wettbewerb und in der zeitbestimmten Laufstrecke sehen. Bewegung im Sinne der Prävention ist der leicht beschleunigte Spaziergang, der lockere Lauf, das Tanzvergnügen ohne Pausenunterbrechung, die kontrollierte Fahrradtour sowie das Ski- oder Bergwandern ohne Überforderung. Die Intensität der Ausdauerbelastung richtet sich in der gesamten Länge nach der Atmung, sodass man jederzeit in der Lage ist, während der Belastung noch in ein Lied einstimmen zu können, nach dem Motto:

Laufen ohne zu schnaufen.

Das Bewegungsspiel der Beine verläuft synchron zur Dreier- oder Viererschrittatmung. Die Einatmung wird über 3 oder 4 Schritte vorgenommen, gefolgt von der Ausatmungsphase, die wiederum über 3 oder 4 Schritte erfolgt.

Richtig dosiertes Ausdauertraining ist Einatmung über 3 Schritte und Ausatmung über 3 Schritte.

Das Bewegungsspiel der Beine hat sich voll auf den Atemrhythmus der Beine einzustellen, wodurch jede Überforderung beim Training vermieden werden kann. Jede schnellere Gangart provoziert die kurze Hechelatmung, die in jedem Falle negativ ist und vermieden werden sollte.

Optimal ist eine konsequente Nasenatmung, das gilt auch für die Ausatmungsphase, weil hierüber die Schleimhäute stärker angewärmt werden und eine Erkältung bei kalter Außentemperatur vermieden wird. Während der Einatmung über die Nase wird die Luft angefeuchtet, erwärmt und gereinigt. Über ein atemkontrolliertes

27

Bewegungstraining kann jede Form der Überforderung vermieden werden. Es geht um die Beseitigung einer Sauerstoffschuld, die nicht selten die Ursache für das Zustandekommen eines Übertrainingssyndroms darstellt. Ausdauertraining mit Freude und ruhiger Atmung hält den Menschen gesund, denn:

Nur wer tief atmen kann, hat den Mut und die Kraft eines Löwen.

Wer kennt nicht die Stresssituation einer lähmenden Hechelatmung am Ende einer schnellen Treppenpassage oder nach einem Sprint zum abfahrenden Bus? In der Präventivmedizin geht es darum, diese Überforderungszustände zu vermeiden, da sie in keinem Falle förderlich für die Gesundheit des Menschen sind.

Ausdauertraining mit tiefer Atmung aktiviert die gesamte Atemmuskulatur und dabei insbesondere das Zwerchfell. Über Bewegungstraining kann dieser gesundheitsfördernde Blasebalg auf eine Amplitude von 8 bis 10 cm gesteigert werden, der in der Regel beim Sitzen nur noch über 2 cm auf- und abdümpelt. Die Steigerung dieser Zwerchfellpumpe geht mit enormen Vorteilen für unsere Gesundheit einher:

◆ Massageförderung für Herz und Leber;
◆ Passagebeschleunigung für Dünn- und Dickdarm als natürliches Abführmittel;
◆ Verstärkte Lymph- und Venendrainage, speziell im Becken- und Bauchraum mit Absaugdrainage der Beine.

Suchen Sie sich zudem die Übungsform, die Ihnen die größte Freude bereitet. Ob es nun der tägliche Spaziergang, das Laufen, das Tanzen, das Fahrradfahren oder das Schwimmen ist, zur gesundheitsfördernden Wirkung des Bewegungstrainings ist beachtenswert, dass uns keine Übungsform aufgezwungen wird.

Freude im Training kommt immer dann auf, wenn jede Form der Überforderung vermieden wird, wenn eine selbst gewählte Aktivierungsenergie ein bestimmtes Hindernis überwinden muss und wenn am Ende des Vorgangs eine Zielvorstellung erfüllt wird. Ausdauersport ist eine Bewegungsart mit Flow-Aktivität, sie stellt praktisch das letzte und jederzeit verfügbare Abenteuer des Menschen dar, denn nirgendwo sonst kann er sich ungezwungener und frei bewegen und sich ganz nebenbei über die Aktivierung seiner Sinne von seiner Umgebung und von der Landschaft berauschen lassen.

Glück findet der Mensch vorwiegend in der aktiven Lebensgestaltung unter Überwindung von Hindernissen und in der Projektion von Zielvorstellungen.

Training mit allen Sinnen ist angesagt, lassen Sie sich in Ihrem Bewegungsprogramm unterhalten, entweder durch antriebsfördernde Musik, durch die unterschiedlichen Bilder einer Landschaft, wie sie allein schon durch die Variationen in Frühling, Sommer, Herbst und Winter oder im Urlaub durch neue Länder gegeben sind.

Ausdauertraining mit allen Sinnen bringt Freude mit Bewegung und der Garantie einer dauerhaften Veränderung.

Nach dem Motto „Vom Kopf zum Herzen" kommt es beim gesundheitsfördernden Bewegungstraining darauf an, dass wir von der jeweiligen Aktivitätsform direkt angesprochen werden. Nicht die Leistung steht im Vordergrund, sondern vielmehr der Erlebnischarakter. Beim Laufen im Freien kann man sich durchaus von dem Flugbild eines Vogels inspirieren, vom Vogelzwitschern motivieren oder vom Duft einer Blumenwiese betören lassen.

Beim Tanztraining auf dem Minitrampolin zu Hause ist es die Lieblingsmusik, die für den notwendigen Antrieb sorgt, denn schon im Sitzen beginnt der Fuß automatisch mit seiner Wippbewegung. Aufmunternd wirken auch Bilder für die Augen, so versetzt uns ein Plakat aus dem Urlaub durchaus in die Lage, im eigenen Keller die Lieblingstour auf einen Berg im Geiste jederzeit nacherleben zu können. In der Regel haben wir alle längst begriffen, dass es in der modernen Welt darauf ankommt, uns mehr zu bewegen, allerdings bleibt dieser gute Vorsatz häufig in den Hindernissen der täglichen Praxis hängen. Erst wenn es uns gelingt, vernunftmäßige Erkenntnisse auch mit dem Herzen zu erfassen, werden wir in der Lage sein, diese gesundheitsfördernden und lebenserhaltenden Strategien auf Dauer umzusetzen.

Ein weiterer Motivationsschub geht von der variablen Gestaltung des Ausdauertrainings aus, denn Anregung und persönliche Erlebnisse erfahren wir immer dann, wenn wir zwischen Laufen, Tanzen, Fahrradfahren, Schwimmen, Skilanglauf, Bergwandern etc. wechseln. Die Folge ist ein buntes Bewegungsbild und zudem werden einseitige Muskel- und Gelenkbelastungen vermieden.

Individuelles Triathlon in der Prävention bedeutet einen wiederholten Wechsel der Ausdauerbewegung:
◆ Gehen und Laufen mit allen Sinnen in unterschiedlichen Landschaftsformen und zu jeder Jahreszeit;
◆ Fahrradfahren im Freien oder auf dem Ergometer zu Hause mit Fernseh- oder Musikunterhaltung;
◆ Tanzjogging auf dem Minitrampolin mit Antriebsförderung durch Musik;
◆ Gelegentliches Schwimmen im Kraulstil zur Entlastung der Wirbelsäule und der Gelenke.

Ein Wort zum Intervalltraining, einer Ausdauersportart, in der die Belastungsintensität permanent wechselt. Man wählt eine 3 oder 5 km-Strecke beim schnellen Gehen oder Laufen und beschleunigt bewusst über 30 oder auch 50 m, um danach wieder in den Grundrhythmus zurückzufallen. Tennis ist so eine typische Intervallsportart, ein sogenannter Stop-and-Go-Sport, weil ständig zwischen dem Laufen zum Ball und Schlagen gewechselt wird. Beim Intervallsport erkennt man eine gezackte Pulskurve, in der Höchst- und Niedrigwerte permanent abwechseln. Beim Ausdauersport verläuft die Pulskurve gleichmäßig auf einem Niveau. Intervallsport wirkt positiv bei niedrigem Blutdruck, er sollte jedoch bei einem hohen Blutdruck vermieden werden, in diesem Falle ist zu moderatem Ausdauertraining zu raten. Im fortgeschrittenen Alter ist man daher gut beraten, den Wettbewerbscharakter im Tennis zu vermeiden und stattdessen mit einem geeigneten Partner lange Ballpassagen anzustreben. Auf diesem Wege werden nicht nur die Gelenke geschont, auch Ihr hoher Blutdruck dankt es Ihnen.

Ausdauersport senkt den Blutdruck und Sport mit Wettbewerbscharakter erhöht den Blutdruck.

Bewegung im Ausdauerbereich hat auch entscheidende Auswirkung auf das vegetative Nervensystem, das einmal vom Kampfnerven (Sympathikus) und zum anderen vom Beruhigungsnerven (Parasympathikus oder Vagus) bestimmt wird. Wird der Mensch nachhaltig mit Negativstress konfrontiert und fehlt ihm der notwendige Bewegungsausgleich, so übernimmt der Kampfnerv die Steuerung des Lebens. Der Mensch ist leicht erregt, der Puls ständig beschleunigt und der Nachtschlaf mit Unruhe und mit Schweißattacken verbunden.

Neben der Reduzierung von Negativstress gilt unsere ganze Aufmerksamkeit dem moderaten Ausdauertraining, denn hierüber kann der Beruhigungsnerv zulasten des Kampfnerven verstärkt werden.

- ◆ Der Mensch wirkt ausgeglichen und ausgewogen.
- ◆ Erniedrigung des Ruhepulses und des Blutdrucks.
- ◆ Nach einer Belastung kehrt der Ruhepulswert schneller zur Norm zurück.
- ◆ Erholsame und tiefe Schlafphasen in der Nacht.
- ◆ Schnelle Anpassung im Urlaub an eine neue Umgebung und an eine neue Klimazone.

Ausdauertraining hat aber nicht nur eine positive Rückkopplung zum Körper, sondern beflügelt auch unseren Geist. Konfliktsituationen und bestimmte Denkaufgaben lassen sich wesentlich leichter beim Spazierengehen oder Laufen lösen als über stundenlanges Grübeln im Sitzen am Tisch. Neue Untersuchungen weisen aus, dass körperliches Jogging die geistige Aktivität um 60 % steigert, aber ein geistiges Jogging dagegen nur um 40 %.

Ausdauertraining fördert die Kreativität und schult unser Neuzeitgedächtnis.

Das Generationenproblem zwischen Jung und Alt kann auch durch Ausdauertraining behoben werden, denn allein das Neuzeitgedächtnis entscheidet darüber, wie weit der alte Mensch dem Jugendlichen zuhört und Interesse und Verständnis für die Probleme der Neuzeit signalisiert.

Alte Alte sind Menschen, die auf die geschützte Umgebung eines Pflege- oder Altenheims angewiesen sind.

Junge Alte sind Menschen, die selbstständig zu Hause leben, Sport treiben und ihr Neuzeitgedächtnis schulen und den Dialog mit der Jugend suchen.

Kapitel 3
Die Gedanken sind frei – Zentrales Stressmanagement

Unsere Gedanken sind frei, und das Resultat dieses grenzenlosen Denkens ist ihr ständiges Herumschwirren in unserem Kopf. Zum einen entstehen sie in einer eigenständigen Vorstellungswelt und zum anderen sind sie die Reflexion unseres direkten Umfeldes, wobei nicht nur die aktuelle „Tagesschau" unser geistiges Auge beschäftigt, sondern ergänzend hierzu eine Projektion bis weit in die Zukunft vorgenommen wird.

Positives Denken wie Freude, Begeisterung, Enthusiasmus, Dankbarkeit spornt uns an und motiviert uns, löst eine regelrechte Initialzündung für Aktivität, Bewegung und Kreativität aus. Motivation setzt alle unsere Aggregate auf „take off", verleiht uns Flügel, die uns in neue Gefilde tragen können.

Negatives Denken wie Sorgen, Ängste und allgemeine Unsicherheit lähmt, drückt uns nach unten, verleidet uns jede Freude und Zuversicht für ein Leben in Hoffnung.

Der Mensch der Gegenwart scheint im negativen Denken verhaftet zu sein. Ein übersteigertes Sicherheitsdenken veranlasst dazu, das Leben bis in die weite Zukunft zu organisieren und vorzuplanen. In dieser Grundeinstellung wird nicht nur gegen den aktuellen Stress rebelliert, sondern es belasten auch Probleme von Morgen.

Die Folge derartiger Verhaltensnormen ist eine Inflation negativer Gedanken, die ständig in unserem Kopf herumschwirren und uns unfrei machen und Geist und Körper in Stressspannung versetzen.

Modernes Denken ist verbunden mit Stress und einer Anhäufung von „Gedankenmüll".

In unserem Kopf leuchten permanent in unterschiedlichen Arealen rote Warnlampen auf. Man kennt dieses Bild von einer Überwachungsanlage, auf der Blinklichter Störfelder signalisieren. Negatives Denken verbunden mit Stress wie Sorgen, Ängste, Lärm, Zeitnot etc. bringen unterschiedliche Signalfelder in unserem Gehirn in einen typischen Erregungszustand – der Mensch ist jedoch nicht in der Lage, diese störenden Irrlichter einfach auszuschalten.

Ein Kind fragt seine Mutter: „Mama, was kann ich tun, dass ich nicht ständig denke?" Gibt es eine entspannende Stretchingform fürs Gehirn, gibt es einen Ausschaltknopf für störende Warnleuchten in unserem Kopf?
Die Antwort lautet „Ja" – es gibt ein zentrales Stressmanagement in Form des

Repetitionstrainings in der Wiederholung der Wiederholung.

Unser Gehirn beantwortet Wiederholungsvorgänge durch

Konzentration, Zentralisation und Fokussierung

Über Wiederholungsvorgänge können die zahlreichen Warnlampen im Gehirn ausgeschaltet werden, sodass zentral ein Lämpchen glüht und nur noch ein Gehirnareal aktiv ist und die restlichen störenden Aktivierungsfelder ausgeschaltet sind. In dieser Situation können Störungsattacken von außen und andere Formen negativen Denkens nicht mehr wahrgenommen werden, der Mensch kommt zur Ruhe, die verspannte Muskulatur wird locker, der erhöhte Blutdruck sinkt ab und die Pulsfrequenz beruhigt sich.

Zentrales Stressmanagement funktioniert nach folgender Regel:

Verschließe Augen und Ohren und repetiere.

Diese Erkenntnis ist uraltes Wissen und zum Teil auch fest im menschlichen Verhalten verankert, ohne dass uns die beruhigende Wirkung über die Zentralisation des Gehirns bewusst ist. Typisch und nicht anerzogen ist das Verhalten einer Mutter, die ein weinendes Kind in ihren Armen hält. Automatisch verfällt sie in wiegende Schaukelbewegungen, das Kind beruhigt sich, hört auf zu schreien, wenn die Mutter lange genug schaukelt, schläft es schließlich ein.

Alle Kinderwiegen auf dieser Welt arbeiten nach diesem Prinzip der Wiederholung, nach dem Prinzip von Repetitionsübungen.

Man kann somit davon ausgehen, dass körperliche Wiederholungsvorgänge eine Fokussierung oder Zentralisierung des Gehirns vornehmen und als zentrales Stressmanagement genutzt werden können. Die Bauern in Mecklenburg pflegten ihre Meditationsübungen vor ihrer Standuhr und verfolgten den pendelnden Perpendikel in seiner repetierenden Bewegung von rechts nach links: „Hier geiht hei hen – dor geiht hei hen."
Wenn der Bauer diesen Vorgang lang genug verfolgte, zentralisierte sein Gehirn und er schlief schließlich ein.

Körperliches Repetieren und die entspannende Wirkung auf das Gehirn über Fokussierung wird auch durch Gehen und Laufen ermöglicht, dabei stehen zwei Wiederholungsvorgänge zur Verfügung:

◆ Ich wiederhole bewusst beim Laufen die Beinbewegung rechts – links, rechts – links usw.

◆ Ich konzentriere mich auf die repetierende Ein- und Ausatmung.

Richtig dosiertes Ausdauertraining ruft eine allgemeine Entspannungswirkung über die Aktivierung des Beruhigungsnervs (Parasympathicus) hervor. Baut man in den Laufvorgang bewusst diese Repetitionsübungen ein, so kann die Entspannungswirkung durch Zentralisation des Gehirns noch wesentlich verstärkt werden.

Zentrales Stressmanagement funktioniert über repetitive Körperbewegungen.

Neben Körperbewegungen eignen sich zur Fokussierung des Gehirns optimal Worte, kurze Satzteile und ganz vorzüglich Gebete. Bereits zur Zeit des zweiten Tempels beeindruckte die jüdische Gebetspraxis durch körperliche und geistige Repetitionsübungen wie folgt:

◆ Konzentriere deinen Körper auf den Körpermittelpunkt und gehe in die tiefe Entspannungshocke.

◆ Wiege deinen Körper vor und zurück.

◆ Wiederhole ein Gebet immer wieder.

Bis in die heutige Zeit haben Juden dieses Gebetsverhalten beibehalten, wie es die Bilder von der Klagemauer bestätigen. Diese Form des uralten Stressmanagements wirkt kumulativ und ist in seiner Wirkung kaum zu steigern, weil es zweidimensional abläuft:

◆ Auf der horizontalen meditativen Ebene bewirken die Repetitionsvorgänge eine Fokussierung des Gehirns mit dem Abblocken äußerer Störfaktoren.

◆ Auf der senkrechten kontemplativen Ebene kann sich der Mensch stärker und ungestörter auf Gott ausrichten und somit seine Kraft besser erfahren.

Auf eine umfangreiche Gebetspraxis in diesem Sinne blicken auch die byzantinischen Mönche auf dem griechischen Berg Athos zurück. Bereits im 14. Jahrhundert empfahl der Athosmönch Nikiforos folgende Leib-Seele-Technik:

„Zum Gebet schließe die Tür deiner Zelle,
Setz dich nieder, zieh den Kopf auf die Brust,
Damit der Geist dem Herzen nahe ist,
Während du die Anrufung Jesu Christi wiederholst."

Hier gibt es eindeutige Parallelen zum Gebetsverhalten der Juden zur Zeit des zweiten Tempels, die auch in der tiefen Entspannungshocke Geist und Herz um den Körpermittelpunkt versammelt hielten.

Nikiforos spricht auch von der Bewahrung des Herzens und empfiehlt, „den Geist über den Atem mit dem Herzen zu verbinden und immerfort aus vollem Herzen zu wiederholen: Oh, Jesus Christus, du Sohn Gottes, erbarme dich meiner".
Diese Form des Herz-Jesu-Gebetes ist bis heute erhalten und Bestandteil der Leib-Seele-Technik byzantinischer Mönche. Das Vorgehen signalisiert eine Verbindung von Körperhaltung und Atemregulierung über die Wiederholung eines Kurzgebetes, um über die Verschmelzung von Leib und Seele den ganzen Menschen auf Gott auszurichten. Diese Hesychasten (griechisch hersychia = Ruhe) wussten sehr gut, dass die Vereinigung mit Gott eine freie Liebesgabe des Allmächtigen ist, die durch keinerlei Körpertechniken erzwungen oder verstärkt werden kann. Über eine Leib-Seele-Technik kann lediglich die kontemplative Ausrichtung des Menschen auf Gott verstärkt und weltliche Störangriffe (Gedankenmüll) abgewiesen werden.

Beruhigung durch Wiederholung.

Kontemplatives Repetitionstraining kann somit nur die Ausrichtung des Menschen auf Gott verbessern und auf diesem Wege seine ganze Fülle erfahren. Den Athosmönchen war durchaus die doppelte Relation der Körper-Seele-Wirkung bewusst, d. h. jede seelische Aktivität führt zu Rückwirkungen auf den Körper und umgekehrt nimmt jedes Körperverhalten Einfluss auf seelische Vorgänge. Die Hesychasten waren der Ansicht, dass über eine wirksame Seele-Körper-Konzentration die Schau des ungeschaffenen Lichtes Gottes (Taborlicht nach Matthäus 17) für den Menschen verbessert würde.

Die beruhigende Wirkung von Repetitionsübungen ist aber nicht nur Juden und Christen vorbehalten, auch im Islam und speziell im Buddhismus wurden auf diesem Gebiet hohe Fertigkeiten entwickelt, wobei sich Inhalt und Projektion natürlich unterscheiden. Im Buddhismus wurde insbesondere die meditative Komponente ausgebaut, eine logische Konsequenz, wenn die kontemplative Ausrichtung auf Gott verbaut ist. Die buddhistische Glaubenslehre basiert auf atheistischen Grundsätzen, ein Buddhist kann nicht auf die Kraft eines liebenden Gottes vertrauen, im Gegenteil er ist auf seinem Weg zum Erleuchteten nachhaltig auf die Vervollkommnung meditativer Techniken angewiesen. Nur über einen mühsamen Erkenntnisprozess verbunden mit wirksamen Meditationsübungen ist er ständig um die Ausschaltung weltlicher Störfelder bemüht, um den trennenden Graben zu seinem erleuchteten Buddha langsam verringern zu können. Ein christlicher Mönch vertraut seinen Repetitionstechniken nur so weit, wie sie ihm den Blick auf das ungeschaffene Licht Gottes aufklären können. In seiner vertrauensvollen Ausrichtung auf seinen Schöpfer erhält er im Glauben Kraft und Liebe als ein Geschenk, die es in dieser Form im Buddhismus nicht gibt.

Selbstverständlich kann auch ein nicht gläubiger Mensch repetieren und fokussieren. Allerdings nutzt er nicht das Gebet, sondern vielmehr Worte oder kurze Satzteile wie „Meer, Baum, Liebe, Frieden" oder: „Vom Eise befreit sind Strom und Bäche durch des Frühlings holden, belebenden Blick."

In dieser Form des Repetierens kann man natürlich auch wie die Mönche auf dem Berg Athos vorgehen und den meditativen Begriff synchron zur Ein- und Ausatmung schalten nach folgendem Schema:

◆ Geh in die Stille.
◆ Schließe die Augen.
◆ Wiederhole (repetiere) deinen meditativen Begriff immer wieder, und das über 5 – 15 Minuten.

Auch mit dieser Repetitionstechnik lässt es sich nicht verhindern, dass negative Gedanken störend von außen auf uns einwirken, in dieser Situation ist folgendes Vorgehen zu empfehlen:

◆ Lass den störenden Gedanken zu, wehr ihn nicht ab und rebelliere nicht, du verbrauchst nur unnötige Kraft und Energie.
◆ Setze unbekümmert deinen Repetitionsvorgang fort, du wirst die zentrale Entspannung erleben.

Das zentrale Stressmanagement funktioniert über repetitive Worte oder über Gebete.

Repetitionsübungen prägen auch altkirchliche Meditationstechniken in Form des frommen Widerkäuens (ruminatio), und man erwartete hierdurch eine intensive Eingängigkeit auf Gott. Recht hatten sie und nicht ihre Gegner (Schriftsteller Philip von Zesen, 1618-1689), die auf formlose Knappheit (brevitas) setzten. Repetitionstechniken geißelten sie als „höhen-umschweifigen aufgeschwollenen Reden Pracht".

Repetitionsübungen werden gerne als oberflächliche Litanei, als ein automatisches Geschehen abgetan, und Gegner eines intensiven

Glaubenslebens nennen an dieser Stelle gerne das Rosenkranzgebet. Selbstverständlich wird hierdurch nicht eine inhaltsreiche Rücksprache mit Gott (Gebet) ersetzt. Repetititonsübungen stellen eine sinnvolle Ergänzung dar, in der der Mensch optimal zur Ruhe findet, äußere Störangriffe abblocken und sich ganz auf den Schöpfer ausrichten kann.

Die brennpunktartige Konzentration des Gehirns folgt der Repetition von Worten, Körperbewegungen und Musik. Repetitive Musik hat eine intensive meditative Wirkung mit spezieller emotionaler Komponente. Denken wir nur an das Psalmodieren, bei dem wechselnde Psalmtexte mit einer bestimmten Musiksequenz verbunden und permanent wiederholt werden. An dieser Stelle müssen auch die gregorianischen Gesänge genannt werden, weisen sie doch den typischen Repetitionscharakter auf, wodurch sich die tiefe Entspannungs- und Beruhigungswirkung erklären lässt. Auch Bach setzt auf die Repetitionstechnik, über die Passagaglia variierte er in Form der Wiederholung über ein bestimmtes Grundthema. An dieser Stelle komme ich noch einmal zur allgemein beruhigenden Wirkung der Wiege zurück. In dieser Situation wird die körperliche Entspannung mit der repetitiven Musik über das Wiegenlied verstärkt. Auch das Wiegenlied von Brahms ist ein Musterbeispiel für Geborgenheit und Sicherheit, vermittelt speziell über die Wiederholung des ersten viertaktigen Melodieabschnittes:

„Guten Abend, gut' Nacht
mit Rosen bedacht"

In hohem Grade entspannend wirkt von J.S. Bach „AIR" aus der Orchestersuite Nr. 3 in D-Dur. Hier ist es besonders der Bass, der über seine repetitive Struktur Geborgenheit und Entspannung vermittelt.

Über die Musik kommen wir zu einer Zentralaussage bei Repetitionsübungen, denn die Zeit spielt eine entscheidende Rolle. Wirkt repetitive Musik länger als 15 Minuten, so droht das ganze System (Vegetativum) in Trancezustand abzurutschen.

Für Repetitionsübungen liegen exakte Dosierungsvorschriften vor, wie sie auch für Medikamente ihre Gültigkeit besitzen:

◆ 5 bis 15 Minuten bewirken Beruhigung und Entspannung;
◆ längere Repetitionsübungen gleiten in Anästhesie/Trancezustand ab.

Im Vietnamkrieg wurde ich als Chirurg zu einer Gebetsübung buddhistischer Mönche gebeten. Die Prüflinge mussten durch Wiederholungsgebet extreme Schmerzresistenz beweisen. Teile glühender Räucherkerzen brannten auf ihrem Kopf bis zur knöchernen Schädeldecke hindurch. Zentrale Konzentration erfolgte über das repetitive Gebet, begleitet von repetitiver Musik in Form eines typischen Sing-Sangs der umstehenden Gemeinde bis zu einer Stunde. In dieser Situation konnte ich mich selbst als Außenstehender nicht des allgemeinen Trancezustandes entziehen, der über die Überdosierung von repetitiver Musik entstand.

Die enorme vegetative Komponente repetitiver Musik wird auch in Afrika praktiziert. Bestimmte Völkerstämme verurteilen Straftäter mit repetitivem Trommelrhythmus und das permanent über Tage und Nächte. Sobald die Trommel aufhört, tritt der Tod des Verurteilten ein. Diese Erkenntnisse werden auch in der Folter umgesetzt, wenn Gefangene der repetitiven Wirkung von Wassertropfen über Stunden ausgesetzt werden.

Das ganze System kann in die Gegenrichtung umkehren, wodurch die starke vegetativ-emotionale Ebene belegt wird. Wird Kleinkindern die elterliche Liebe und Zuwendung entzogen, so reagieren sie mit repetitiven Körperbewegungen. In allen Waisenhäusern dieser Welt beeindrucken nachhaltig die schaukelnden Kinder in ihren

Gitterbetten mit ihren traurigen Augen, weil sie die beruhigende Wirkung der mütterlichen Wiege nicht erfahren konnten.

Repetitionsübungen sind uralt, wie wir gesehen haben. Neu ist nur die Erkenntnis, dass durch die Fokussierung des Gehirns eine zentrale Entspannung eintritt, die über das Gehirn auch den gesamten Körper erfassen kann.

Zentrales Stressmanagement funktioniert über:

Repetitive Worte oder Gebete
Repetitive Körperbewegungen
Repetitive Musik

Kapitel 4
Befreite Gelenke – Peripheres Stressmanagement

Im Laufe unseres Lebens sind die Gelenke einer hohen Belastung ausgesetzt, verbunden mit mannigfaltigen Verschleißerkrankungen. Der zerstörerische Abbau geht einmal von der eigentlichen Gelenkfläche aus, eingebunden in einen schützenden Knorpelüberzug, und zum anderen von den steuernden Muskel-Sehnen-Gruppen, über deren Aktivität der Bewegungsumfang wesentlich mit unterhalten wird. Der umgebende Muskelmotor gerät immer dann in eine störende Stressspannung, wenn er langen und einseitigen Bewegungsbelastungen ausgesetzt ist und legt sich schließlich wie ein eiserner Ring um das Gelenk, das somit seiner erhaltenden Gelenkfreiheit beraubt ist. Vornehmlich sind es wiederkehrende Bewegungsbelastungen bei der Arbeit und im Sport, die um die Gelenke herum eine regelrechte Stressspannung im Muskelmotor auslösen und auf diesem Weg die erste Stufe der Degeneration einleiten.
Die neueste Diagnose einseitiger Bedienungsarbeit als Folge einer schmerzhaften Stressspannung in den Beugesehnen des rechten Zeigefingers lautet: Mouse-klick-Syndrom.

Das prägende Gelenkmuster menschlicher Tätigkeit auf dieser Welt ist der Faustschluss, der auch als deutliches Zeichen für Kraft und Stärke verwendet wird. Das Einschlagen der Finger zur Faust unter besonderer Aktivität des Daumens wird bei praktisch allen Verrichtungen des täglichen Lebens gefordert. Dabei beginnt diese typische Haltearbeit schon beim morgendlichen Zähneputzen. Aber auch das Festhalten, jegliche Inbesitznahme sind verbunden mit der Beugung der Finger zum Faustschluss, sie sind ein typischer Ausdruck von Macht und Stärke. Der stereotype Handeinsatz ist zum prägenden Belastungsmuster geworden, wobei diese Bewegungen aus der täglichen Bedienungstätigkeit nicht mehr wegzudenken sind.

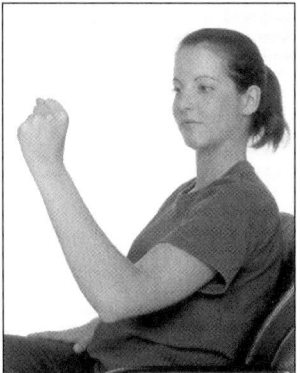 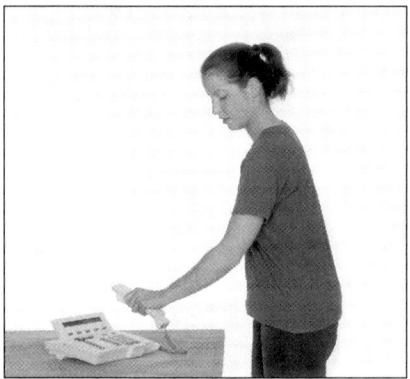

Der Faustschluss ist die häufigste Bewegungs- und Belastungsart, die der Mensch ein Leben lang durchführt.

In die Gegenrichtung zum Faustschluss verläuft die Streckung der Finger, typischer Ausdruck für Loslassen, Abgeben, Freiheit, aber auch Synonym für Geben und Schenken sowie Handauflegung bei Tröstung und Heilung. Auch die untersuchende Hand eines Arztes ist geprägt von der tastenden Kontaktaufnahme der gestreckten Finger auf dem Körper des Patienten.

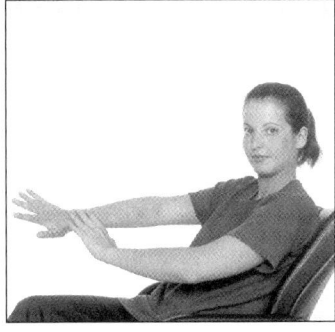

Die Fingerstreckung ist Ausdruck von Abgeben und Loslassen und typisch für die untersuchende und therapierende Hand.

Die vereinnahmenden Qualitäten des Menschen betonen jedoch den Faustschluss gegenüber der streckenden und entlastenden Gebehaltung und die Folge ist ein typisches muskuläres Ungleichgewicht:

◆ Die besitzergreifenden Beugemuskeln sind dreimal stärker als die gegenüberliegenden Strecker und betragen 150 Newton.

◆ Die entlastenden Fingerstrecker sind ungleich schwächer und erreichen nur ein Leistungsoptimum von 50 Newton.

Die logische Folge ist ein chronisches Übertrainingssyndrom der Muskeln und Sehnen aller Fingerbeuger mit der Konsequenz von schmerzhaften Bewegungsblockaden, weil die kraftübertragenden Sehnen anschwellen, ihre räumliche Ausdehnung in exakt begrenzten Bandkanälen aber limitiert ist, mit der Ausbildung folgender Krankheitsbilder:

◆ Karpaltunnelsyndrom mit Kompression des Mittelhandnerven im Bandkanal des Handgelenkes und schmerzhaften Funktionsstörungen des Daumens, des Zeige- und Mittelfingers, weil über die Stressspannung der Sehnen der wichtige Mittelhandnerv unter Druck gesetzt wird.

◆ Schnappende Bewegungsblockaden der Finger durch Kompression einzelner Beugesehnen im Bandkanal, wodurch die pleuelstangenartige Bewegung behindert wird.

- ◆ Dupuytren'sche Kontraktur durch Schrumpfung der Sehnen-platte in der Hohlhand mit Streckbehinderung besonders des Mittel-, Ring- und Kleinfingers.
- ◆ Tennisellenbogen als Folge einseitiger Belastung der Unterarm-streckmuskulatur in Höhe des Ellenbogengelenkes.
- ◆ Golferellenbogen als schmerzhafte Überbelastung der beugesei-tigen Unterarmmuskulatur durch einseitige Bewegungsbela-stung.

Zur Beseitigung schmerzhafter Funktionsstörungen stehen zwei grundlegende Gegenmaßnahmen zur Verfügung.

1. Antagonistentraining (Training der gegenüberliegenden Muskula-tur) durch die aktive Verstärkung der Unterarmstreckmuskulatur, wobei diese Übungen ohne größeren Zeitaufwand umgesetzt wer-den können und 7 Wiederholungen pro Übungsteil zu empfehlen sind.

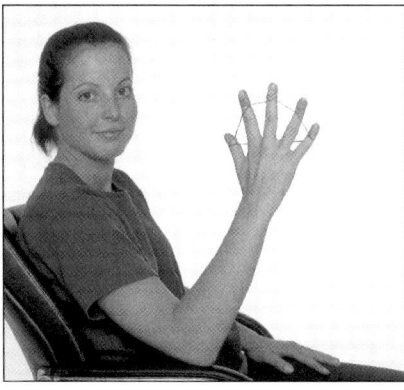

Verstärkungstraining der Fin-gerstrecker gegen den Wider-stand des Gummizuges.

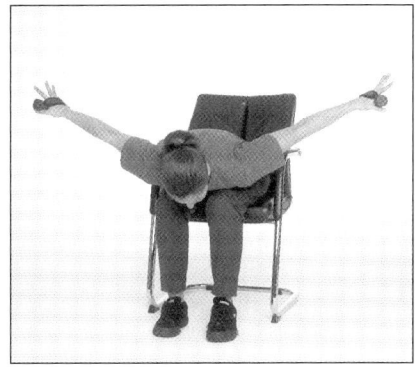

Verstärkungstraining der Streckmuskulatur der Arme und des Rückens durch Benutzung von Gewichten mit Schlaufen, die eine Fingerbeugung verhindern.

2. Die passive Dehnung der Finger und der Unterarmbeugemuskulatur kann problemlos nach jeder Faustschlussarbeit platziert werden, dabei reichen 7 Sekunden aus, um die Stressspannung zu beseitigen.

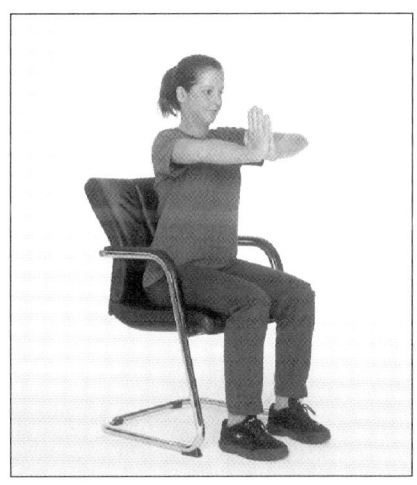

Dehnung der Fingerbeuger durch Druck beider Hände gegeneinander, die Ellenbogengelenke werden seitwärts möglichst bis zur Horizontalen geführt.

47

Dehnung der Fingerbeuger und der Eindrehmuskeln durch Abstützen der außenrotierten Hand auf einer Tischplatte und maximale Überstreckung im Handgelenk.

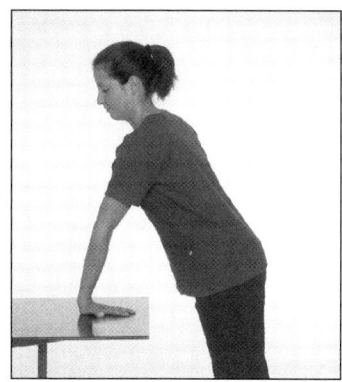

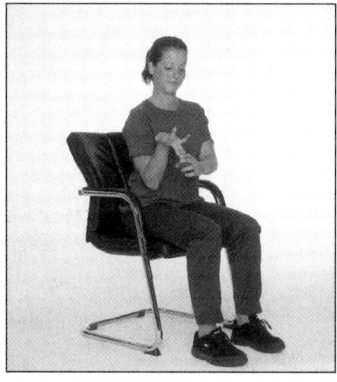

Dehnung der Fingerpaare über maximalen Druck von der Gegenhand, das Handgelenk ist extrem überstreckt.

An der Streckseite der Hand und des Unterarmes sind zwei Problemzonen zu beachten. Am Handgelenk kann es zu einer Überforderunhg der Strecksehnen im Bandkanal kommen. Bei einer längeren Tastentätigkeit ist auf die Neutral-0-Stellung der Hand im Handgelenk zu achten und jede Überstreckung zu vermeiden, weil hierdurch Sehnenscheidenentzündungen provoziert werden können.

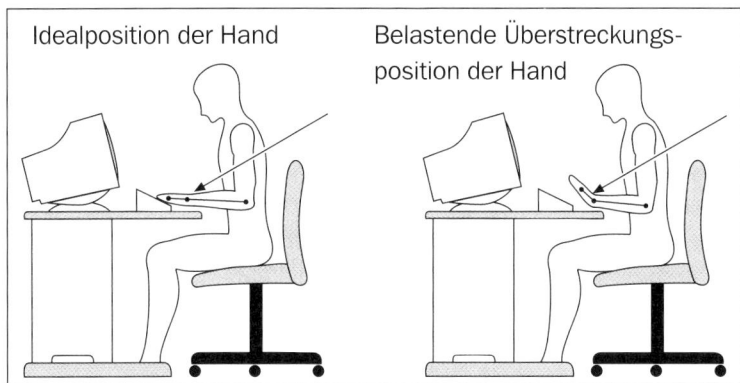

Idealposition der Hand

Belastende Überstreckungs-position der Hand

In der Tastenposition der Hand ist auf die ausgeglichene Neutral-O-Stellung zu achten, da das Anheben des Handrückens über Reibungserhöhung eine Sehnenscheidenentzündung provozieren kann.

Bei Überbelastung der Hand im Handgelenk und durch die Überstreckstellung der Hand bei langer Tastentätigkeit, droht nicht selten eine Sehnenscheidenentzündung, die über die gezielte und wiederholte Dehnung verhindert werden kann.

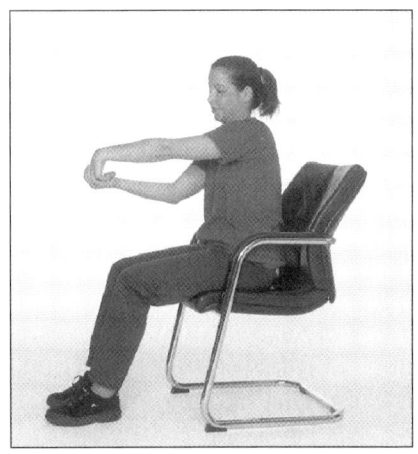

Maximale Beugung der Hand des gestreckten Armes und gleichzeitiger Zug von der Gegenhand, die auf dem Handrücken liegt.

Die Ursache des Tennisellenbogens ist die schmerzhafte Verspannung der Muskulatur an der Außenseite des Ellenbogengelenkes. Häufig zu beobachten bei einseitig geschlagener Rückhand.

Extreme Stressbelastungen werden am linken Geigenarm an der Violine beobachtet, weil die linke Hand extrem nach außen gedreht werden muss (Supinationsstellung) und hierdurch der Ausdrehmuskel (M. supinator) schmerzhaft reagieren und einen Tennisellenbogen vortäuschen kann.

Gegen den gefürchteten Tennisellenbogen hilft, einseitige Sport- und Arbeits-Vorgänge durch die wiederholte Dehnung der Unterarmstreckmuskulatur zu unterbrechen.

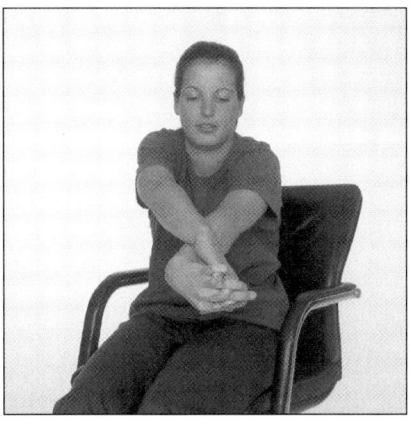

Maximale Beugung und Außenrotation der linken Hand im Handgelenk des gestreckten Armes. Zugverstärkung von der rechten Gegenhand, die von außen kommt, wobei die Finger ineinander greifen.

Langfristig ist bei der Unterarmstreckmuskulatur gleichzeitig auf eine wirksame Verstärkung im Gegensatz zur Unterarmbeugemuskulatur zu achten. Je stärker die Unterarmstreckmuskulatur ist, umso später werden muskuläre Stressspannungen in Höhe des Handgelenkes oder im Bereich des Ellenbogengelenkes auftreten.

Zum Ausgleich einer schmerzhaften Stressspannung genügen 7 Sekunden passive Dehnung, die nach der Intensivstretchingmethode im 2-Stunden-Rhythmus bei langer Belastung erfolgen sollte.

Wir machen einen Sprung von der Hand zum Fuß. Der Faustschluss der Hand kann am Fuß mit der nachhaltigen Spitzfußstellung zivilisierter Völker verglichen werden. Der Barfußgang ist für uns eine absolute Ausnahme geworden, dafür bewegen wir uns in festen Schuhen mit Absatzerhöhung, durch die eine chronische Verkürzung der Wadenmuskeln und Achillessehnen vorprogrammiert ist.

Die Spitzfußstellung ist durchaus mit dem Faustschluss der Hand zu vergleichen, dabei entspricht die Beugesehnenverkürzung der Finger der Hammerzehenposition der Zehen.

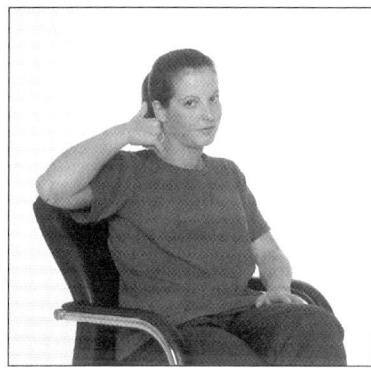

Typische Beugesehnenverkürzung an der Hand über den wiederkehrenden Faustschluß

und am Fuß durch die nachhaltige Spitzfußstellung durch das Tragen von Schuhen mit Absatzerhöhung.

Parallel zur Fehlentwicklung an der Hand läuft die Dysbalance an Fuß und Unterschenkel, denn der zivilisierte Mensch bewegt sich praktisch in Spitzfußposition durch die Welt und die logische Konsequenz sind

◆ Chronische Verkürzung der Wadenmuskulatur, der Achillessehnen und der Zehenbeuger;

◆ Abschwächung der vorderen Schienbeinmuskulatur und der Zehenstrecker.

Diese muskuläre Fehlentwicklung wird nicht selten zu einem Störfaktor in der Nacht, d. h. der Mensch schreckt plötzlich aus dem Schlaf wegen krampfartiger Schmerzen in der Wadenmuskulatur. Die Ursache dieser Schmerzatacken sind muskuläre Verspannungen an den Beugeseiten der Unterschenkel und ohne Einleitung von wirksamen Gegenmaßnahmen endet dieser Zustand nicht selten bei anhaltender Belastung in isolierten Muskelrissen. Die Stressspannung der Wadenmuskulatur bewirkt auch sekundäre Schäden in der Achillessehne. Besonders gefürchtet ist die isolierte Achillessehnenruptur, bei der die größte Sehne im menschlichen Körper wegen einseitiger Überbelastung regelrecht durchreißt. Anhaltende Stressspannungen an Unterschenkel und Füßen sind auch ursächlich verantwortlich für äußerst schmerzhafte Fersenspornbildungen bis hin zu Verkrümmungen der Zehen durch die Ausbildung sogenannter Hammerzehenpositionen. Nachhaltig kann diese Fehlentwicklung nur durch zwei Strategien beseitigt werden, die einmal in der Dehnung der verkürzten Wadenmuskeln und zum anderen in der gezielten Verstärkung der gegenteiligen Antagonisten liegt.

1. Die wiederholte passive Dehnung der Wadenmuskulatur, der Achillessehne und der gesamten Fußsohle erfolgt durch drei Dehnungspositionen.

Dehnung der Wadenmuskulatur, das hintere Bein ist im Kniegelenk gestreckt, die Ferse ist fest am Boden. Vorverlagerung des Beckens durch verstärkte Kniebeugung im vorderen Bein.

Gleiches Vorgehen wie oben, nur diesmal wird auch das hintere Kniegelenk gebeugt, dadurch verlagert sich der Dehnungspunkt in die Achillessehne.

Absenken des hinteren Kniegelenkes zum Boden. Die hintere Ferse darf angehoben werden und Abstützen einer Gesäßhälfte auf der hinteren Ferse, hierdurch verlagert sich der Dehnungspunkt in die Fußsohle und in die Zehen. Diese Übung ohne Schuhe durchführen.

53

2. Die isolierte Verstärkung der vorderen Schienbeinmuskulatur und der Fußstrecker über den wiederholten Hackengang.

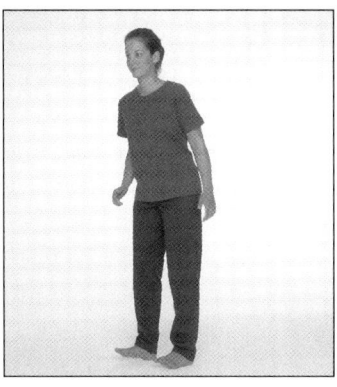

Der Hackengang ist ein aktiver Dehnungsvorgang für die Wadenmuskeln bei gleichzeitiger Verstärkung der vorderen Schienbeinmuskulatur (Antagonistentraining).

Unverzichtbar sind Schuhe bei längeren Belastungen, die den Fuß beim Aufsetzen abfedern, optimal führen und den Zehen genügend Freiraum lassen. Hervoragendes Fußtraining ist Barfußlaufen auf festen Kieswegen, es dient der Abhärtung und der Reizung der Fußreflexe. Vorsicht ist im weichen Sand geboten, da das Fußgewölbe leiden könnte, bei Wanderungen am Strand ist daher das Tragen von Turnschuhen in jedem Falle geboten.

Die logische Konsequenz einer verkürzten Wadenmuskulatur ist auch ein typisches Fehlverhalten bei Einnahme der tiefen Arbeitshocke in den sogenannten zivilisierten Ländern.
Die permanente Stressspannung der Wadenmuskulatur verhindert das vollständige Absenken der Fersen am Boden und zur weiteren Entlastung werden die Kniegelenke nach außen verdreht, wodurch eine hohe Innenmeniskusbelastung entsteht. Im Gegensatz hierzu praktizieren Naturvölker ein Leben lang die entlastende und tiefe Hockposition, in der beide Kniegelenke scharnierartig nach vorne ausgerichtet sind und gleichzeitig optimal die Rückenmuskulatur und die Achillessehnen gedehnt werden.

In der tiefen Entspannungshocke sind beide Kniegelenke nach vorne ausgerichtet und werden somit entlastet. In dieser Position erfolgt eine Dehnung der unteren Rückenmuskulatur und der Achillessehnen.

In der westlichen Krampfhocke können wegen der Achillessehnenverkürzung die Waden nicht abgesenkt werden. Die Kniegelenke sind nach außen verdreht, wodurch speziell der Innenmeniskus belastet und langfristig geschädigt wird.

Ähnlich verhält es sich mit der Fehlbelastung der Kniegelenke in vielen Sportarten, wenn bevorzugt die Außenrotationsbewegung unter Belastung vorgenommen wird, wie das beim Fußball, beim Brustschwimmen oder in der Schlittschuhtechnik beim sogenannten Skating der Fall ist. Wird dagegen das Knien in seiner typischen Scharnierfunktion beansprucht (Laufen, Diagonaltechnik beim Skilanglauf, Schwimmen im Kraulstil), so kann hierüber der Kniebinnenraum geschützt werden.

Aber auch Europäer können über die wiederholte Wadendehnung (s. Abb. Seite 53 u. 54) die tiefe Entspannungshocke erlernen. Hilfreich in diesem Vorgehen ist auch die tiefe Entspannungshocke vor einer geöffneten Tür, wenn beide Hände an den Türgriffen Halt finden können und auf diesem Wege die untere Rückenmuskulatur und die Achillessehnen gedehnt werden. Erfolgversprechend ist auch wiederholtes Rückwärtsgehen auf Treppen und Bergen, kann doch durch diese Vorgehensweise so ganz nebenbei die Stress-spannung aus dem Rücken und aus den Wadenmuskeln beseitigt werden.

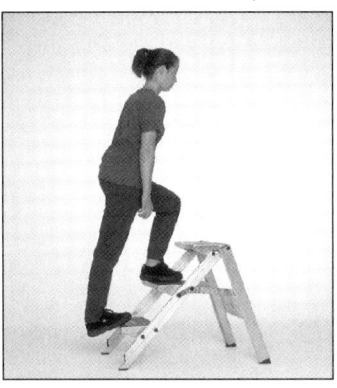

Rückwärts treppab ist Training im Vorübergehen. Bei diesem Vorgang wird im vorangehenden Bein die Wadenmuskulatur gedehnt und der gesamte Rücken entlastet.

Der Mensch ist von seiner Grundeigenschaft ein Beugetäter, d. h. die prägenden Verrichtungen des täglichen Lebens werden in vorge-haltener Armtätigkeit unter Beugebelastung durchgeführt. In der Folge resultiert neben der Verkürzung der Fingerbeuger eine prä-gende Stressspannung der beugeseitigen Schulter- und gegenüber-liegenden Nackenmuskeln. Dieser Vorgang ist vergleichbar mit ei-nem Kran, bei dem der vordere Lastarm von einem hinteren Gewicht ausgeglichen werden muss. Bei anhaltender Bedienungs-arbeit wirken beide Arme als verlängerte Lastarme und können nur durch eine kräftige Nacken- und Rückenmuskulatur abgefangen werden. Im Laufe seiner Entwicklung hat der Mensch die Arbeit ent-scheidend verändert, und gezwungenermaßen entwickelte sich als Nebenprodukt eine Abhängigkeit zu Maschine, Computer und In-strument. Aus dem Laufwesen entstand das Bedienungswesen, und Arme und Hände wurden mehr und mehr als verlängerte Hebel missbraucht. Endresultat ist die typische Brustbeinbelastungshal-tung, in der der gebeugte Rücken dem vorderen Lastarm folgt und die Schultergelenke bedenklich nach vorne abweichen.

56

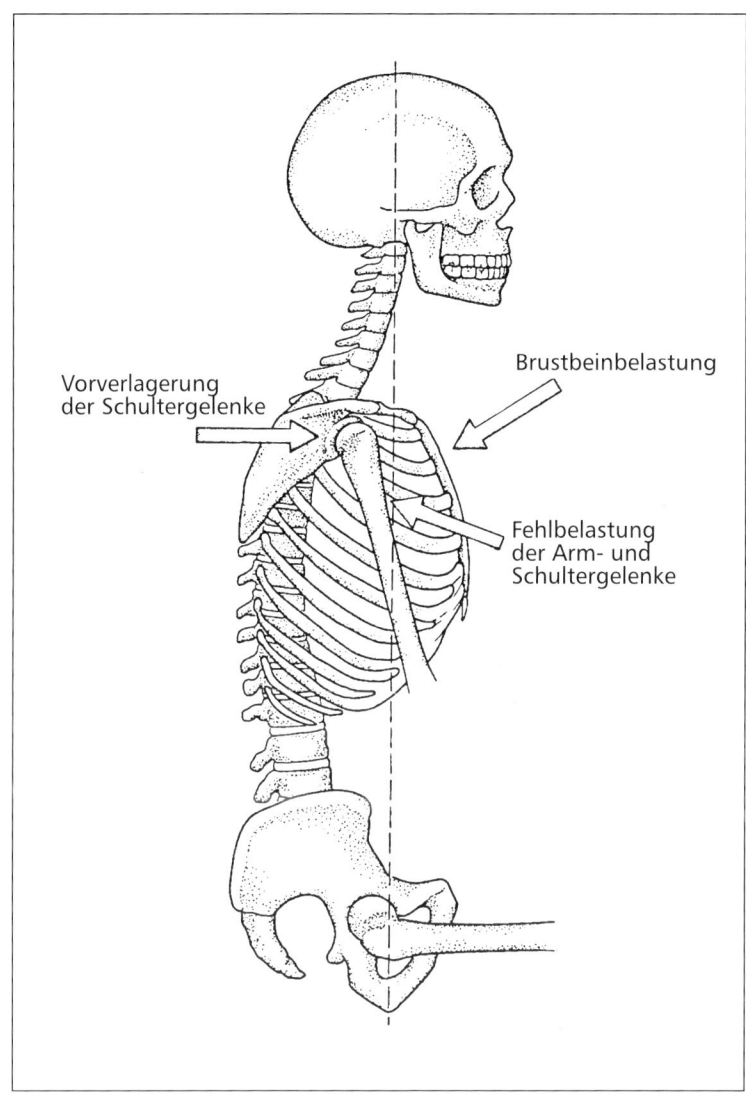

Vorverlagerung
der Schultergelenke

Brustbeinbelastung

Fehlbelastung
der Arm- und
Schultergelenke

Verlagerung der Schultergelenke nach vorn durch verstärkte Rund-rückenbildung und abgeschwächte Rückenmuskulatur mit sekundä-rer Druckerhöhung in den Brustbeingelenken

Die ständige Bedienungshaltung der Arme wird erkauft über eine nachhaltige Stressspannung im vorderen Schultergürtel im Verlauf der Bizeps- und Brustmuskulatur. Die grundsätzliche Lösung liegt in der wiederholten Dehnung der verkürzten Muskeln bei gleichzeitiger Verstärkung der Antagonisten (Gegenmuskeln) am Rücken.

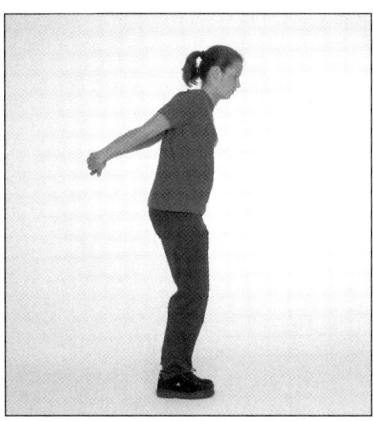

Dehnung der Bizepsmuskulatur als Training im Vorübergehen. Im Stehen oder im Gehen über 7 Schritte werden die nach hinten genommenen Arme maximal zur Horizontalen geführt.

Dehnung der Bizepsmuskulatur an einer Wand, Abstützen der Hand in Schulterhöhe und maximale Öffnung des Schultergelenkes durch Beugen der Kniegelenke.

Zur Dehnung der Brustmuskulatur wird der Unterarm seitlich an der Wand abgestützt und das Schultergelenk maximal geöffnet.

Auch Spannungskopfschmerz ist nicht selten Folge einer verkürzten Nackenmuskulatur als Ergebnis langer Sitz- und Bedienungstätigkeit, und die Fehlentwicklung kann über die wiederholte Dehnung der Nackenmuskulatur durchbrochen werden.

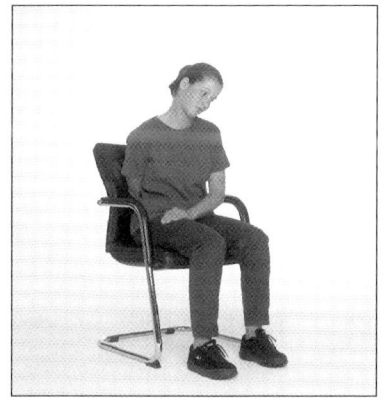

Zur Dehnung der seitlichen/hinteren Nackenmuskulatur wird über den Zug der hinteren Hand, die am unteren Teil der Rückenlehne fixiert ist, die Schulter maximal abgesenkt. Abwinkelung des Kopfes zur Gegenseite und Herunterführen des Kopfes nach schräg/vorn.

Bei der wiederholten Dehnung der verkürzten Beugemuskeln ist auch auf die gezielte Verstärkung der Nacken- und Schulterblattmuskulatur zu achten, will man die sogenannte Brustbeinbelastungshaltung durchbrechen.

Stärkung der Nackenmuskulatur vor einer Wand, die nach vorn genommenen Füße stehen nur noch auf den Fersen und lediglich der Hinterkopf hat Wandkontakt. Beide Hände liegen seitwärts am Kopf und mit Nackenkraft wird der gesamte Körper vor- und zurückbewegt.

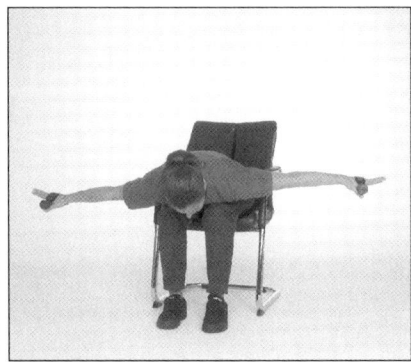

Maximale Vorneigung des Oberkörpers, der auch auf den Oberschenkeln liegen kann. Seitwärts werden die gestreckten Arme mit Handgewichten hoch- und runterbewegt, dabei ist in der Aufwärtsbewegung auf die extreme Streckung aller Finger zu achten.

Auf die nächste Problemzone stoßen wir im Bereich des Beckens, ausgelöst durch die anhaltende 90 Grad Beugeposition der Hüftgelenke beim langen Sitzen. Die prägende Stressspannung geht insbesondere vom Hüftlendenmuskel aus, der zwischen der Lendenwirbelsäule und dem oberen Oberschenkel verläuft und in seiner Stresssituation in stehender Position die untere Wirbelsäule nach vorn verlagert. Die gefürchtete Hohlkreuzposition erhandelt sich der Mensch somit durch langes Sitzen, weil hierüber der Hüftlendenmuskel langsam schrumpft, sodass er im Stehen nicht mehr dem Zug des Oberschenkelknochens folgen kann und zwangsläufig die Lendenwirbelsäule nach vorne verstärkt abschwingen muss. Langes Sitzen empfiehlt somit die wiederholte Unterbrechung und die Streckung der Hüftgelenke mit zusätzlicher Dehnung der Hüftbeugemuskeln.

Dehnung der mittleren Oberschenkelstreckmuskulatur im Einbeinstand durch Zug einer Hand vom Fußrücken. Zur Vermeidung einer Hohlkreuzposition wird der Oberkörper leicht nach vorne geführt und das Kniegelenk im Standbein gering gebeugt.

Zur Dehnung der hinteren Oberschenkelmuskulatur wird das gestreckte vordere Bein auf der Sitzfläche abgelegt und der vordere Fuß maximal hochgezogen. Geringe Kniebeuge im Standknie und Vorbeuge des geraden Oberkörpers. Zur Entlastung des Rückens stützen beide Hände auf dem vorderen Oberschenkel ab.

Zur Dehnung des Hüft-Lenden-Muskels wird das hintere Kniegelenk am Boden abgestützt, wobei eine Hand den Unterschenkel leicht anhebt. Vorverlagerung des Oberkörpers mit Abstützen des anderen Armes auf dem vorderen Kniegelenk.

Parallel zur wiederholten Dehnung der Hüftbeugemuskeln empfiehlt sich die gezielte Verstärkung zweier Muskelpaare, die als Antagonisten des Hüftlendenmuskels die Wirbelsäule und das Becken aufrichten können.

Zur Stärkung der schrägen Bauchmuskulatur schräges Anheben des Oberkörpers und Druck der oberen Hand gegen das gebeugte Kniegelenk mit Wiederholung zur Gegenseite. Zur Rückenentlastung sind bei der Übung die Hüftgelenke in Beugeposition zu halten, denn in dieser Stellung ist der Hüft-Lendenmuskel ausgeschaltet.

Stärkung der geraden Bauch-muskulatur durch Anheben des Oberkörpers, beide Hände lie-gen seitwärts am Kopf, während der Übung bleiben beide Hüft-gelenke in Beugeposition.

Stärkung der Gesäßmuskulatur beim Treppensteigen. Die Ge-säßmuskeln tragen wesentlich zur Stabilisierung des Beckens und der Wirbelsäule bei.

Eine Sonderstellung muss der unteren Rückenmuskulatur einge-räumt werden, die in der Regel durch unsere lange Sitztätigkeit zu schwach ist, aber gleichzeitig bevorzugt mit schmerzhafter Stress-spannung reagiert. Bei anhaltenden Rückenschmerzen und gegen Bandscheibenprobleme kommt der isolierten Verstärkung der unte-ren Rückenmuskulatur eine erhebliche Bedeutung bei, ohne dass jedoch auf die wiederholte Dehnung verzichtet wird.

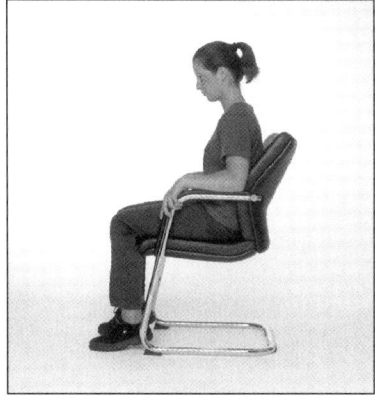

*Stärkung der Rückenmusku-
latur beim Sitzen als Training
im Vorübergehen. Wiederholtes
Anspannen des Beckenbodens
und der Rückenmuskulatur
durch Druck der Schultern gegen die Lehne.*

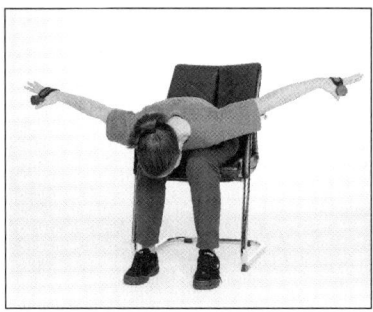

*Stärkung der Rückenmusku-
latur im Sitzen. Anheben des
geraden Oberkörpers aus Ober-
körpervorbeuge, gleichzeitig werden beide Arme seitwärts mit
den Handgewichten nach oben
geführt.*

Nach jeder Belastungsphase des Rückens ist auf die wirksame Dehnung der unteren Rückenmuskulatur zu achten, da nur ein kräftiger,
aber auch elastischer Rücken wirksame Haltearbeit verrichten
kann.

Dehnung und Entlastung der unteren Rückenmuskulatur durch den Kutschersitz durch maximale Oberkörperneigung, gleichzeitige Dehnung der beugeseitigen Schultermuskulatur durch Anheben beider Arme, die über dem Rücken liegen.

Spezielle Dehnung der seitlichen oberen Rückenmuskulatur im Sitzen. Die Hand des gestreckten Armes liegt an der Innenseite des Fußes des oberen Beines und über die Streckung des Vorfußes erfolgt durch Vorverlagerung des Oberkörpers die Dehnungsverstärkung.

In der halben asiatischen Hocke auf einem Stuhl wird ein Fuß auf der Sitzfläche abgestützt und das Knie maximal zum Körper gezogen, weibei die Gegenschulter sich dem oberen Knie nähert.

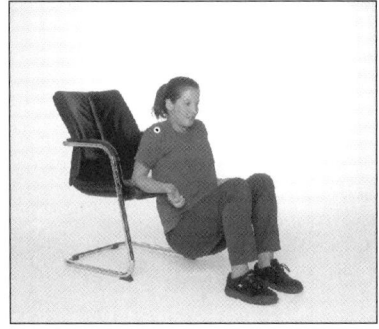

Variation der tiefen Entspan-nungshocke über den Ellenbo-gensitz. Die Wirbelsäule hängt in senkrechter Stellung vor der Sitzfläche, in Hüftbreite stehen beide Füße fest am Boden. Enorme Bandscheibenentlas-tung durch wiederholte Ein-nahme dieser Position.

Muskuläre Dysbalancen und Fehlentwicklungen von Gelenken wer-den einmal geprägt von einseitig verkürzten Muskelgruppen und von der Abschwächung ihrer Gegenspieler (sog. Antagonisten). Die Wie-derherstellung geordneter Verhältnisse kann somit nur über zwei entscheidende Trainingsformen der Prävention erreicht werden:

◆ Wiederholte und gezielte Dehnung der verkürzten und verspann-ten Muskeln über jeweils 7 Sekunden nach der Intensivstret-chingmethode, wobei während hoher Belastung im 2- Stunden-Rhythmus vorgegangen werden kann. Die Dehnung wird durch tiefe Ausatmung unterstützt.

◆ Wirksame Verstärkung der Gegenspieler über ein gezieltes Ant-agonistentraining.

Elastizitätstraining nach der Intensivstretchingmethode (ISM) ist leicht erlernbar und nicht zeitraubend, sodass es problemlos in den Alltag eingebaut werden kann. Intensivstretching ist sogar als Training im Vorübergehen wirksam, sodass durchaus Warte-, Tele-fon-, Fernseh- und Reisezeiten ausgleichend genutzt werden kön-nen.

Intensivstretching ist peripheres Antistressmanagement im Vorübergehen.

66

Training im Vorübergehen beim Telefonieren. Parallel geschaltet ist die Dehnung der vorderen Schultermuskulatur durch Ab-stützen der Hand in Schulter-höhe an der Wand, wobei der Arm maximal nach hinten geführt wird.

Einseitige und übermäßige Alltags- und Sportbelastungen provozieren regionale Stressspannungen im Verlauf steuernder Muskel-Sehnen-Gruppen und bewirken Sauerstoffunterversorgung.

Permanente Stressspannung braucht mehr Sauerstoff, der aber von der arteriellen Grundversorgung nicht zur Verfügung gestellt werden kann. Man bezeichnet diesen Zustand in der Medizin als relative Hypoxie (relativer Sauerstoffmangel), über den insbesondere die kraftübertragenden Sehnen und somit auch die Gelenke degenerativ geschädigt werden. Ein gezieltes und wiederholtes Elastizitätstraining als regionales Stressmanagement durchbricht diesen fehlerhaften Kreislauf und der lebensnotwendige Sauerstoff kann wieder gesundheitsfördernd in der Peripherie genutzt werden.

Intensiv-Stretching als regionales Stressmanagement ist eine natürliche Sauerstofftherapie.

Kapitel 5
Helfen statt Herrschen –
Soziales Stressmanagement

Jeder Mensch sehnt sich nach Lob, Anerkennung, ja nach Liebe, die direkt ans Herz geht, dabei wird die Wahrnehmung vom Zentralnervensystem gesteuert. Die Arbeitsweise in unserem Kopf vollzieht sich zweigeteilt, einmal in der linken Gehirnhälfte und zum anderen in der rechten.

◆ Die linke Gehirnhälfte arbeitet analytisch, sequentiell, linear, und Informationen unterliegen dem Ordnungsprinzip. Auf 1 folgt 2, auf 2 folgt 3 usw., alles geht schön der Reihe nach.

◆ Die rechte Gehirnhälfte denkt räumlich-komplex, Informationen werden vielfach bildhaft gespeichert. Unser rechtes Gehirn denkt in Bildern und ist musikalisch, es ist das eigentliche Zentrum emotionaler Intelligenz.

Amerikanische Forschungen (D. Goleman) weisen aus, dass unsere emotionale Intelligenz für das Berufsleben etwa doppelt so wichtig ist wie das eingepaukte Wissen unserer Schulzeit, d. h. die 1 im Abitur ist nicht die Garantie für ein erfolgreiches Berufsleben. Schulwissen und Berufserfahrung stellen zwar die Basis für ein wirkungsvolles Arbeitsleben dar, es gibt aber zu denken, dass die Karriereleiter im Beruf zu 90 % durch unsere emotionale Intelligenz bestimmt wird.

Glück und Erfolg im Leben unterliegen somit entscheidend der Steuerung der rechten Gehirnhälfte. Während in der Schule vorwiegend analytisches Denken und Wettbewerb gefördert werden, kommt es im Berufsleben mehr auf unsere sozialen Fähigkeiten an. Gefragt ist der sensible Umgang mit Kollegen, gefragt sind vielfältige menschliche Interaktionen, die bereits durch ein Lächeln für den anderen in eine ganz bestimmte Bahn gelenkt werden können.

Das bisherige Schulwissen unterstreicht als nachahmenswerte Projektion entscheidend den Klassenbesten, wobei auch im späteren Leben immer noch das Wettbewerbsdenken und ein knallhartes Durchsetzungsvermögen als vorbildliche Tugenden eingestuft werden.

Einseitiges Machtstreben ohne ein verbindliches Miteinander macht einsam und krank.

Betontes Erfolgsdenken im Leben auf dem Boden eines gnadenlosen Ausleseprozesses ist in der Regel zeitlich begrenzt, äußerst labil, denn häufig genügen schon kurzzeitige Unterbrechungen durch Schwangerschaft, Krankheit oder andere Schicksalsschläge, um den Aufstieg auf der Karriereleiter entscheidend zu unterbrechen. Wenn nur noch schwarze Zahlen in der Wirtschaft die Lebensqualität der Menschen bestimmen, dann ist damit die isolierte Daseinsform und Einsamkeit verbunden. Ein Schauspieler ist entscheidend auf den Beifall des Publikums angewiesen, doch wie sieht sein Leben im Stadium längerer Erfolglosigkeit aus? Wie bewältigt er den Abstand von der Bühne im Alter? Häufig bleibt in derartigen Situationen nur der Ausweg über Medikamente, Alkohol bis hin zu Drogen.

Im Sport ist ein knallharter Wettbewerb angesagt, denn nur derjenige, der auf dem Siegerpodest ganz oben steht, ist von der Gesellschaft akzeptiert, und eine Silbermedaille bei den Olympischen Spielen ist häufig Ausdruck von Tränen und tiefster Enttäuschung.

Gefragt ist der durchsetzungsfähige Siegertyp, der nach neuesten Zahlen schon als 16-Jähriger zum Millionär avancieren kann. Im Scheinwerferlicht stehend wird man bestaunt und bewundert – und auch beneidet. Über Neid und Missgunst klagen vermehrt die Großverdiener im Spitzensport, sie registrieren auf diesem Wege sehr schnell, dass sie durch ihre Extrastellung nicht mehr ein Teil der Solidaritätsgesellschaft sind. Wurde in einer Liga ein wichtiges Spiel verloren, stehen die Akteure plötzlich im Regen und sind nicht mehr dem Beifall, sondern den Wurfgeschossen des Publikums ausgesetzt. In diesem gnadenlosen Wettbewerb sind Erfolglosigkeit, Krankheit und Alter nicht vorgesehen.

Analytische Intelligenz programmiert betont Wettbewerbs-denken –
Emotionale Intelligenz programmiert unser soziales Mit-einander.

Nicht nur Wettbewerbsdenken, sondern die Motivation ist der entscheidende Motor in der Entwicklung der Gesellschaft, im Beruf und im Sport.
Training mit allen Sinnen ist gefragt, ohne dass dabei das persönliche Durchsetzungsvermögen zu kurz kommt. Der Weg ist das Ziel und nicht die dabei verbrauchte Zeit. Ganz entscheidend sind die emotionalen Erlebnisse, die in einer wechselnden Landschaft über Augen und Ohren während des Wanderns und Laufens wahrgenommen werden können.

Laufen mit allen Sinnen fordert unser ganzheitliches Denken und Fühlen – Laufen mit Kopf und Herz.

Für unser menschliches Verhalten ist neben der vernunftmäßigen analytischen Steuerung die emotionale Führung von entscheidender Bedeutung. Jeder Raucher weiß vom Kopf her, von seinem verstandesmäßigen Denken, dass Nikotin seiner Gesundheit schadet, und trotzdem ist es doch so schwer, die Entwöhnung von der Zigarette Realität werden zu lassen. Diätfrustrationen bestimmen den Weg analytischer, vernunftmäßiger Gewichtsreduktionen, weil die Verbindung vom Kopf zum Herzen mit Hindernissen verbunden ist.

Erkenntnisse vernunftmäßiger Steuerung werden nur dann tägliche Realität, wenn die emotionale Verbindung hergestellt wird, wenn unser Denken auch zu unserer innersten Überzeugung wird. Der Reifungsprozess einer Persönlichkeit wird entscheidend von der rechten Gehirnhälfte gesteuert und nur in der Verbindung vom Kopf zum Herzen sind Anerkennung in der Gesellschaft und Glück im Leben zu finden. Glückliche Menschen gehen nicht unbedingt aus dem harten Wettbewerb der Industrie, des Sportes oder der Gesellschaft hervor. Glückliche Menschen sind eher das Produkt positiver menschlicher Interaktionen, häufig in Verbindung mit Bescheidenheit und Demut. Glück und Freude im Leben sind selten das Ergebnis eines egoistischen Durchsetzungsvermögens, Glück und Freude im Leben findet vielfach der Zeitgenosse unter uns, der Geben vor Nehmen stellt.

Die Freude, die du anderen schenkst, kehrt ins eigene Herz zurück.

Das positive Helferphänomen kommt ohne Wettbewerbsstress aus und hat somit per se eine gesundheitsfördernde Wirkung auf den Menschen. Amerikanische Studien (Allan u. Luks) dokumentieren, dass karitative Tätigkeiten einen positiven psychischen und physischen Energieschub auslösen. Der Mensch wird über diesen Vorgang entscheidend von den eigenen Problemen abgelenkt und konzentriert sich betont auf seine Umwelt. 95 % der Menschen, die regelmäßig anderen helfen und Freude bereiten, weisen einen geringeren Stresspegel auf, sind dadurch gesünder und finden über Mut und Zuspruch aus ihrer Arbeit zurück zu ihrer Persönlichkeit. Über zwei Kanäle kann die Profilierung der Persönlichkeit vorgenommen werden:

◆ Über die analytische Steuerung mit Wettbewerbsstruktur, verbunden mit Stress und zeitlicher Begrenzung.

◆ Über die emotionale Steuerung mit Motivationscharakter durch Hilfe und Zuspruch für den Mitmenschen.

Primär unterliegt das Leben nicht mehr der egoistischen Steuerung, und die Persönlichkeitsfindung erfolgt über eine aufrichtige Danksagung von Menschen, die die helfende Hand gespürt haben. Individuelle Freiheit des Individuums ist immer soviel wert, wie auch die Freiheit des Mitmenschen respektiert wird. Selbstverständlich sollen wir darauf achten, dass unsere täglichen menschlichen Bedürfnisse befriedigt werden, sie sollten aber nicht zur Leitlinie unseres Handelns in dieser Welt werden.

Frei sein und leben – geben und nehmen.

Das Helferphänomen wirkt dann stressabbauend und gesundheitsfördernd, wenn es

◆ regelmäßig umgesetzt wird;

◆ persönlich zwischen dem Helfer und dem Hilfsbedürftigen eine Beziehungsebene aufgebaut wird;

◆ betont Fremden und Unbekannten zugesprochen wird;

◆ unentgeltlich und möglichst ohne Tarifvertrag erfolgt.

Die gesundheitsfördernde Wirkung dieser emotionalen Steuerung steht in enger Verbindung zu unserem Vegetativum. Die Hegemonie des Kampfnerven (Sympathikus) über den Körper wird vom Beruhigungsnerven (Vagus oder Parasympathikus) übernommen. Die gesundheitsfördernde Wirkung des Helferphänomens hat eindeutige

Parallelen zur positiven Wirkung eines Ausdauertrainings nach folgendem Schema:

◆ Absenkung des Blutdrucks;
◆ Absenkung der Pulsfrequenz in Ruhe;
◆ Stärkung des Immunsystems;
◆ Überwindung von Depression durch Zuspruch und Lob von Mitmenschen.

Stress braucht der Mensch, denn Stress ist die Initialzündung für den Antriebsimpuls als Weiterleitung von Aktivität und Bewegung – allerdings kommt es auf die Quantität und die Qualität an. Vier Steuerungsmechanismen stehen dem Menschen zur Verfügung:

◆ Allgemeines Stressmanagement durch Ausdauertraining;
◆ regionales Stressmanagement durch Elastizitätstraining;
◆ zentrales Stressmanagement durch Zentralisation des Gehirns;
◆ soziales-emotionales Stressmanagement über das Helferphänomen.

Kapitel 6
Seele-Körper-Prävention

Die vorrangige Arbeitsebene christlicher Gemeinden liegt auf dem Gebiet der Seelsorge, das ist gut so, denn die Notwendigkeit der positiven Wirkung auf den Menschen ist unbestritten. Nach neuesten Erkenntnissen räumt auch jetzt die moderne Medizin den psychischen Vorgängen im Menschen eine beherrschende Stellung ein und hebt die Placebowirkung von 30 % auf sage und schreibe 70 – 80 % an.

Seit Jahrhunderten wurde medizinisches Wissen von den Naturwissenschaften beherrscht, und in einzelnen Etappen, gleichsam in Schichten näherte man sich den physiologischen und pathologischen Vorgängen. Vom Mittelalter bis ins 18. Jahrhundert vermutete man das Übel von Krankheiten überwiegend im Blut und in den Säften, die therapeutische Konsequenz beschränkte sich im Wesentlichen auf den Aderlass. Im 19. Jahrhundert wurde die Wurzel allen Übels in den Organen angesiedelt, während Virchow in seiner Zellularpathologie das 20. Jahrhundert prägte, d. h. die Krankheit nahm von den unterschiedlichsten Zellen her ihren Ausgang. Heute dagegen richtet die Medizin ihre ganze Aufmerksamkeit auf die Gene, glaubt man doch in der Manipulation der Zelle und des Zellkernes den entscheidenden Steuerungshebel von Krankheiten in der Hand zu halten. Allmählich setzt sich die Meinung durch, dass dieses segmentale Denken zulasten des Ganzen geht. Man verliert den Menschen in seiner Gesamtheit aus den Augen und wird ihm nur im Teilansatz gerecht, denn eine umfassende Beurteilung kann nur über die interdisziplinäre Forschung gefunden werden. Bis in unsere Tage wird jedoch in der Medizin der naturwissenschaftliche Weg bevorzugt. Ärztliche Weisheit versteht sich nachdrücklich in der Analyse von Röntgenbildern, endlosen Laborwerten und Computertomogrammen, wobei die heilende Hand des Therapeuten immer mehr in den Hintergrund tritt. Inspektion und Palpation (Untersuchung durch Abtasten) werden von der modernen Leistungsmedizin immer mehr als Relikte einer längst überwundenen Heilkunst angesehen.

Medizin und Theologie separierten sich im Laufe der Jahre nachhaltig voneinander. Während die ärztliche Kunst die naturwissenschaftliche Richtung einschlug, konzentrierte sich die Theologie vornehmlich auf den psychisch-seelischen Faktor. Überraschenderweise treten in der Medizin Kardiologen auf den Plan, die begriffen haben, dass rein naturwissenschaftliche Erkenntnisse nicht ausreichen, der Entstehung von Herz-Kreislauf-Erkrankungen auf die Spur zu kommen. Plötzlich begreift man, dass Übergewicht, Blutfette, Bluthochdruck, Bewegungsmangel, Blutzuckererhöhung und Nikotinmissbrauch als klassische Risikofaktoren für die Entstehung von Herz-Kreislauf-Erkrankungen nicht der Weisheit letzter Schluss sind. Man fordert die Erweiterung zur Psycho-Kardiologie und stellt mit Schlagzeilen „wie herzlos ist die Herzmedizin" den bisherigen Therapieansatz in Frage. Das Risikofaktorenmodell ist somit nach anfänglicher Begeisterung nicht die umfassende Lösung in der Kardiologie, man erkennt, dass es sich beim Bluthochdruck auch um einen Bewältigungsmechanismus handeln muss, in dem Sorgen und Ängsten als psychische Attacken einen wesentlich höheren Stellenwert eingeräumt werden müssen. Eine koronare Herzkrankheit ist auch immer eine schwere seelische Belastung und somit einem biographischen Chaos gleichzusetzen. Hier vollzieht sich plötzlich ein notwendiger Schulterschluss zwischen Psyche und Körper, zwischen Theologie und Medizin und eine stationäre Rehabilitation darf sich nicht nur auf Körpertraining, Ernährungsberatung, Raucherentwöhnung und Blutdruckkontrollen reduzieren. In gleichem Umfang ge-

Herz-Kreislauf-Erkrankungen haben nicht nur körperliche Ursachen.

fragt ist der psychotherapeutische und psychosoziale Therapieansatz, geht es doch vermehrt darum, den Menschen als ein Gesamtwesen zu begreifen, die Einheit von Körper, Seele und Geist zu suchen.

Für Aufmerksamkeit sorgten insbesondere wissenschaftliche Untersuchungen des amerikanischen Kardiologen Dr. Benson, der eindeutig belegen konnte, dass Placebo (Scheinwirkung) auf den Menschen eine wesentlich höhere Wirkung einzuräumen ist, als bisher angenommen. Ging man bisher von einer 30 %igen Scheinwirkung eines Medikamentes aus, so muss diese Wirkung auf 70 % hochgestuft werden. Benson spricht von einem regelrechten Glaubensfaktor in der Medizin. Damit bestätigt sich eine alte Weisheit, dass der weiße Kittel eines Arztes eine Krankheit durchaus positiv beeinflussen kann. Kritisches naturwissenschaftliches Denken und der Einfluss der Medien haben im Laufe der Zeit dafür gesorgt, dass dieser sogenannte „Halbgott in Weiß" auf den Boden der Tatsachen zurückgeholt wurde. Dieser Realisierungsprozess hat sicher der Medizin gut getan, wenn man berücksichtigt, dass auch ein Geheimrat durchaus mit Fehlern und Schwächen behaftet war. Diese Entmystizierung des „Halbgottes in Weiß" hat aber auch eine Kehrseite, denn der mündige Patient geht heute mit Kritik und medizinischem Teilwissen auf seinen Arzt zu. Im Vordergrund steht nicht mehr das aufbauende Vertrauen, sondern die profane Sicht auf einen Menschen, der ebenfalls irren kann. Die belastende Bürde des Patienten ist heute größer als noch vor 100 Jahren. Ich kann mich erinnern, dass meine Großmutter an die Wunderkraft ihres Arztes glaubte, auch wenn er die gleichen Fehler und Schwächen aufwies wie seine heutigen Zeitgenossen.

Psyche und Körper bedingen einander, der Geist bestimmt die materiellen Vorgänge in unserem Körper und umgekehrt. Alle Prozesse unterliegen entscheidend unserer emotionalen Steuerung, und vernunftmäßige Erkenntnisse, die wir mit unserem Gehirn erfasst haben, müssen auf emotionalem Wege auch an unser Herz gelangen, damit sie ihre volle Wirkung entfalten können. Naturwissenschaftliches Denken, die Einteilung menschlicher Vorgänge in unterschiedliche Segmente, haben jedoch dazu geführt, dass die medizinische Handlungsebene auf der körperlichen-materiellen Ebene angesiedelt ist, während der theolgische Ansatz in der Seelsorge stecken geblieben ist. Mehr und mehr gefragt ist die interdisziplinäre Zusammenarbeit, gefragt ist eine Renaissance der Körper-Seele-Prävention, denn als Folge der doppelten Rückkoppelung ist unser Körper entscheidend auf die Psyche angewiesen und umgekehrt.

Seele-Körper-Prävention ist die Medizin der Zukunft.

In diesem Zusammenhang ist eine italienische Studie über 30 Jahre an 138 weltlichen Frauen und 144 Nonnen interessant. Während bei den Nonnen mit zunehmendem Alter der Blutdruck konstant blieb, ergab die Kontrollgruppe einen deutlichen Anstieg. Bei den Ordensfrauen war das Auftreten von Herz-Kreislauf-Erkrankungen deutlich niedriger, die Ursache ist in einem deutlich geringeren Stresspegel zu suchen. Ein gläubiger Mensch ist zudem in der Lage, nicht abwendbare Krisen anzunehmen und nicht ständig nach deren Ursache zu forschen, sondern vielmehr zu begreifen, dass auch Krisen im Leben eines Menschen durchaus einen Sinn haben können.

Rebelliere nicht gegen Stress, den du weder verändern noch irgendwie beeinflussen kannst. Mit der ständigen Frage: „Warum musste ich gerade dieses Unglück erfahren?" verliert man nur unnötig Energie und kommt aus einer permanenten Leidenshaltung nicht heraus. Akzeptiere dagegen Schicksalsschläge, die unabwendbar sind, schalte danach jedoch alle Register deines Verhaltens auf Bewältigung und Überwindung der Krise.

Negativstress kann auch einen Sinn haben, denn häufig bedarf es bestimmter Schicksalsschläge, bevor der Mensch begreift, dass sein bisheriger Lebensweg einer entscheidenden Korrektur bedurfte. Jede Krise hat auch eine Chance zur Erneuerung und Lebensänderung oder besser mit den Worten Goethes ausgedrückt:

„Ein Mensch, der nicht geschunden wird, wird nicht erzogen."

Von seiner Grundstruktur her gesehen, ist jeder Mensch tief religiös. Findet er einmal eine ganz persönliche Beziehung zu seinem Schöpfer, so ist er nie allein in seinem Leben und er kann selbst in den negativsten Schicksalsschlägen einen Sinn finden. Der unabhängige Manager ist für sein Handeln und Tun voll verantwortlich, permanente Krisenstrategien sind angesagt und er wird stets darum bemüht sein, aus den Fehlern der Vergangenheit zu lernen. In diesem Verhalten ist leistungsforderndes Stresstraining unverzichtbar, vergleichbar mit der täglichen Praxis buddhistischer Mönche, die permanent um die Vervollkommnung ihrer meditativer Techniken bemüht sein müssen.

In seiner Lebensgestaltung kann der christlich geprägte Mensch ein Stressmanagement lockerer und geruhsamer angehen, wenn es ihm gelingt, inneren Frieden und Übereinstimmung zu seinem Schöpfer zu finden. Dabei helfen speziell drei Zusagen:

- ◆ Gott kennt mich ganz persönlich, mein Schicksal ist ihm nicht gleichgültig, er möchte, dass ich Glück und Erfolg im Leben habe.
- ◆ Gott mutet mir nicht mehr zu, als ich tragen kann.
- ◆ Stress und Krisen haben durchaus ihren Sinn, nach einem Tief kommt wieder ein Hoch, auch nach einer dunklen Nacht geht die Sonne wieder auf.

Diese frohe Botschaft ist eine Zusage für jeden Menschen, es kommt jedoch darauf an, diese Erkenntnis nicht nur mit dem Verstand, sondern auch mit ganzem Herzen aufzunehmen. Unabhängiges und selbstständiges Eigenmanagement hat seinen Preis, auch wenn ich jederzeit meine eigenen Ideen und meinen persönlichen Willen in die Tat umsetzen kann. Diese Strategien funktionieren nach einem logischen Plan, der den Erfolg vorsieht und auf der Grundlage von Leistung und Gesundheit beruht. Eigenverantwortliches Management ist automatisch verbunden mit dem Auftreten von Sorgen und Ängsten, die jedoch Kraft und Energie kosten. Die logische Konsequenz ist eine Überbetonung von Ordnung. Planung möglichst bis in die ferne Zukunft hinein ist angesagt, denn modernes Denken ist auch mit einem verstärkten Sicherheitsbestreben verbunden. Es kommt vermehrt darauf an, nur kein Risiko einzugehen und wenn möglich gegen jede Ungereimtheit im Leben mit einer leistungsstarken Versicherungspolice abgesichert zu sein. Eigenverantwortliches Handeln und Denken ist nicht nur mit täglichem Negativstress konfrontiert, sondern steht auch in Zusammenhang mit einer langen Zukunftsplanung und der Anhäufung von Sorgen und Ängsten, obwohl zum gegenwärtigen Zeitpunkt niemand eine Krise exakt voraussagen kann. Das Denken, Handeln und Tun des Menschen im Industriezeitalter ist ganz auf die Zukunft ausgerichtet, die Gegenwart wird kaum noch wahrgenommen und vergeht wie im Fluge. Der rastlose Zeitgenosse hat nicht mehr die Muße, die selbst erworbenen Errungenschaften voll ausschöpfen und genießen zu können. Wie in einem Zeitraffer verrinnt das Leben, und in der Betrachtung eines schönen Bildes ist die innere Einstellung schon auf den neuen Kameraschwenk ausgerichtet.

Wer sich nur um sich selbst dreht, vergeudet Kraft und Energie.

Interessant in diesem Zusammenhang ist die asiatische Denkart, die eine derart futuristische Ausrichtung in ihrer Lebenseinstellung nicht kennt. Kein Asiate würde ein Hotelzimmer bereits im Voraus bezahlen. Zukunftsplanungen werden als Herausforderung des Schicksals empfunden, aus dessen Vorbestimmung sich der

Mensch am besten heraushält. Kein Taxifahrer in Deutschland wird das Solidaritätsverhalten des indischen Kollegen verstehen, der einen Kunden mit folgenden Worten abweist: „Ich habe heute genug verdient, dass meine Familie und ich genug zu essen haben – aber mein Kollege nebenan hat sein Tagessoll noch nicht erfüllt, gehen Sie bitte zu ihm."

Eigenverantwortliches Lebensmanagement und ein verstärkter Hang nach Besitz, Geld und Macht werten die Zeit zur wichtigsten Ressource menschlichen Daseins auf. Gott hat uns Zeit in einem ewigen Wechselspiel gegeben, in einem Wechselspiel zwischen Spannung und Entspannung, zwischen Bewegung und Ruhe.

In Prediger 3 ist Folgendes nachzulesen:

„Geboren werden und sterben,
Einpflanzen und ausreißen,
Töten und Leben retten,
Niederreißen und Aufbauen,
Weinen und lachen,
Wehklagen und tanzen,
Steine werfen und Steine aufsammeln,
Sich umarmen und sich aus der Umarmung lösen,
Finden und verlieren,
Aufbewahren und wegwerfen,
Zerreißen und zusammennähen,
Schweigen und reden,
das Lieben hat seine Zeit und auch das Hassen,
der Krieg und der Frieden."

Alles hat seine Zeit, jede Krise findet einmal ein Ende. Negativstress kann durchaus in zeitlicher Begrenzung als Initialzündung auf Verbesserung genutzt werden. Erfolg, Anerkennung, eine gewisse Form der Selbstbehauptung braucht der Mensch. Fragen nach dem Sinn des Lebens sind nicht mit dem Goethezitat: „Ich bin nur durch die Welt gerannt, ein jed' Gelüst ergriff ich bei den Haaren" zu beantworten. „Nach mir die Sintflut" ist nicht die Antwort der älteren Generation an die Jugend.

„Sorget nicht" lautet der Zuspruch der Bibel. Der Begriff Seelsorge ist aber mit einer Negativaussage verbunden. Sorgen und Ängste sind immer auch Ausdruck von Negativstress. Diese Meinung vertritt auch der katholische Theologe Fritz Köster, wenn er postuliert, dass es dem Menschen nicht gerecht würde, wenn er sich nur um seine Seele sorge. Mit Sorgen verbunden ist auch der Abschied der Kinder aus dem Elternhaus.

Statt „Sorge" muss die „Fürsorge" einen neuen Stellenwert erhalten.

Die Körper-Seele-Prävention ist primär ein komplexer Begriff. Statt Sorge steht betont die Fürsorge im Mittelpunkt. Die vorrangige Position psychischer und seelischer Vorgänge auf alle körperlichen Bereiche setzt sich letztendlich auch in medizinischen Kreisen nachhaltig durch, wobei der Umkehrschluss in der Wirkung des Körpers auf die Psyche nicht vernachlässigt werden darf. In der Präventivmedizin wird neben der psychisch-seelisch-emotionalen Komponente natürlich auch ein großes Merkmal auf die körperliche Seite gelegt.

In der Altersmedizin spielt das Neuzeitgedächtnis eine überragende Rolle, dabei weisen neue Untersuchungsergebnisse aus, dass körperliches Training die Leistungsfähigkeit auf einem hohen Niveau halten kann. Verantwortlich hierfür sind sogenannten Zapfen (spines) auf den spinnennetzartigen Nervenzellverbindungen (Dendriten), und ihre Anzahl entscheidet über die Leistungsfähigkeit des Neuzeitgedächtnisses. In diesem Zusammenhang ist eine neue sportmedizinische Untersuchung von Bedeutung, die dokumentiert, dass die Ausbildung dieser sogenannten spines durch geistiges und körperliches Training verbessert werden kann. Was allerdings überrascht, ist die Tatsache, dass durch Ausdauertraining eine 60 %ige Verbesserung und durch rein geistiges Jogging nur eine 40 %ige Verbesserung nachzuweisen ist. Auf diesem Gebiet liegt eine Chance der Präventivmedizin, kann doch durch Verbesserung des Neuzeit-gedächtnisses eine Brücke zur jüngeren Generation geschlagen werden.

Optimales Ausdauertraining schult das Neuzeitgedächtnis im Alter und fördert den Dialog zwischen Alt und Jung.

Trotz aller Erkenntnisse der Präventivmedizin ist im Gegensatz zu den Religionen des fernen Ostens, speziell im Vergleich zum Buddhismus, in der christlichen Szene des Westens immer noch von einer schwer überbrückbaren Barriere zwischen Körper, Seele und Geist auszugehen. Die Ursache dieser gewissen Körperfeindlichkeit ist in drei Wurzeln zu suchen:

1. Bis weit übers Mittelalter hinaus wurden zahlreiche körperliche Funktionen mit negativen Bildern verknüpft, zumal die menschliche Kontrollfunktion häufig versagte und somit der Entgleisung in Sünde und Schuld Tür und Tor geöffnet waren.

2. Volles Vertrauen auf Gottes Güte und Kraft in christlichen Ländern, das ist sicher gut und richtig so, entbindet den Gläubigen jedoch nicht aus seiner Eigenverantwortung auch dem Körper gegenüber.
Paulus schreibt hierzu im ersten Korintherbrief: „Wisst ihr denn nicht, dass euer Körper der Tempel des heiligen Geistes ist? Gott hat euch seinen Geist gegeben, der jetzt in euch wohnt. Darum gehört ihr nicht mehr euch selbst. Gott hat euch als sein Eigentum erworben. Macht ihm also die Ehre durch die Art, wie ihr mit eurem Körper umgeht" (1. Korinther 6, 19.20).

3. Im Zentrum der christlichen Botschaft stehen Gnade und Nächstenliebe. Die Religionen des fernen Ostens basieren auf der Selbstbefreiung und Selbsterlösung. Buddha ist ein erleuchteter Lehr-

meister, dem es gilt, nachzueifern. Der Christ baut auf die Kraft des heiligen Geistes, der Buddhist ganz auf die Vervollkommnung meditativer Techniken.

Die logische Konsequenz ist die Feststellung, dass in den buddhistisch geprägten Ländern wie Burma, Tibet, Vietnam, Japan körperliche Meditationsübungen zu hohen Fertigkeiten entwickelt wurden, denn der Weg ins Nirwana führt über den Pfad der Erleuchtung, der mit geistigen und körperlichen Meditationsübungen gepflastert ist. Es darf daher nicht verwundern, dass extreme Leistungen die Folge sind, die aus einem oberflächlichen Blickwinkel des Westens natürlich bewundert und bestaunt werden. Buddhistische Mönche im Himalaya sind in der Lage, das Gletschereis unter ihren nackten Füßen zum Schmelzen zu bringen, nachdem sie Hitze meditiert haben. In diesem Verhalten gibt es regelrechte Wettbewerbe. Eingewickelt in nasse Tücher und gleichzeitig hitzemeditierend, hat derjenige in der Gruppe die Meditation am besten verinnerlicht, dessen Tuch durch die provozierte Körperwärme zuerst getrocknet war.

Solche körperliche Rekordleistungen werden bewundert, da sie durchaus mit den Extremleistungen von Spitzensportlern in unseren Ländern verglichen werden können. Es gibt jedoch wenig Sinn, aus diesem fertigen Mosaikbild einen Stein herauszunehmen, ins eigene komfortable Heim zu verpflanzen und eine neue Körperlehre aufzubauen. Yoga und andere fernöstliche Körpertechniken sind nur vollständig im buddhistischen Kontext zu begreifen und zu erfahren, denn sie stellen selbst für buddhistische Mönche nur eine Stufe der endlosen Leiter auf dem Pfad der Erleuchtung dar. Eine einseitige Überbetonung spezieller Körperübungen verbunden mit einem individuell geprägten Weltbild führen nur zu einem Zerrbild des Ganzen.

Buddhistisches Mönchsleben ist anstrengend, denn fast rund um die Uhr ist er um die Vervollkommnung seines geistigen und körper-

Seelsorge ist eine wichtige Lebenshilfe für Körper, Seele und Geist.

lichen Zustandes bemüht. Was bleibt ihm auch anderes übrig, denn er kann nicht auf die Güte und Kraft eines Schöpfers vertrauen. Denn der erleuchtete Buddha ist lediglich ein Lehrmeister für ihn, ein Trainer, der ihm dabei hilft, die direkte körperliche Bindung zu dieser Welt abzubauen. Diese meditativen Techniken sind von einer horizontalen Dimension, denn die Senkrechte, die kontemplative Dimension, steht ihnen nicht zur Verfügung, handelt es sich beim Buddhismus doch um eine atheistische Religion.

Christliche Mönche haben es in dieser Beziehung wesentlich leichter, denn in ihrer kontemplativen Blickrichtung können sie auf die zusätzliche Schubkraft ihres Schöpfers vertrauen. Hier ist der entscheidende Schnittpunkt, denn trotz dieser großen Kraftquelle wird der Mensch nicht gänzlich seiner körperlichen Verantwortung entbunden. Ein Beispiel geben, wie bereits weiter vorne erwähnt, die byzantinischen Mönche auf dem Berg Athos in Griechenland, die im Vergleich zum meditativen Training buddhistischer Mönche eine bestimmte kontemplative Technik zu hoher Vervollkommnung entwickelt haben. In ihrer geistigen und körperlichen Vervollkommnung praktizieren sie das sogenannte Herz-Jesu-Gebet, das synchron zur Ein- und Ausatmung folgenden gleich bleibenden Wortlaut hat „Herr Jesus Christus, du Sohn Gottes, erbarme dich meiner."

Über die ständige Wiederholung dieses gleich bleibenden Kurzgebetes kommt es zu einer Fokussierung oder Zentralisierung des Gehirns, sodass äußere Störfaktoren wie an einem Schutzschild abprallen. Die Folge ist eine konzentrierte Ausrichtung auf den Schöpfer, dessen Licht, Kraft und Güte besser empfangen werden kann.

Seelsorge ist eine unverzichtbare Hilfe für den Menschen, aber genauso bedarf es einer umfassenden Körpersorge oder besser ausgedrückt Körperfürsorge.

Seele-Körper-Prävention unterstreicht bewusst die beherrschende Position von Seele, Psyche und Geist. Es darf aber noch einmal daran erinnert werden, dass alleine körperliches Jogging eine höhere Aktivierung auf das Neuzeitgedächtnis ausübt als die isolierte Ausübung geistiger Aktivitäten.

Trotz aller Errungenschaften der modernen Medizin:

Der Mensch lebt zu kurz und stirbt zu lang.

In der Präventivmedizin geht es vorrangig darum, nicht die Krankheiten zu behandeln, sondern zu verhindern, Prävention statt Operation ist angesagt. Präventivmedizinische Übungen wie Gehen, Laufen, Wandern, Fahrradfahren und Schwimmen sind sicherlich kurzweiliger als endlose Wartezeiten im Wartezimmer eines noch so gütigen Hausarztes. Ohne körperliches Training verliert der Mensch zwischen dem 20. und 50. Lebensjahr jährlich ein halbes Pfund Muskulatur, setzt aber gleichzeitig 750 g Fett an.

In 30 Jahren verliert der Mensch ohne Training also 7,5 kg Muskulatur und gewinnt 20 kg Fett.

Menschliches Leben ist geprägt von einer rhythmischen Gestaltung. Nach einem Wellental folgt der Wellenberg, und bevor sich Herz und Muskulatur anspannen, sind sie auf die kraftfördernde Entspannung angewiesen. Selbst Krisen haben ihren Sinn, wenn sie vom Menschen als Hinweis notwendiger Änderung und Korrektur verstanden werden. Die Bibel charakterisiert diesen Lebensrhythmus mit ihren Worten:

Auf die dunkle Nacht kommt der helle Tag,
Auf den Schmerz folgt die Erholung,
Lieben hat seine Zeit und Hassen hat seine Zeit.

Die prägende Grundhaltung des Menschen ist sein Hang nach Wohlstand und Sicherheit, aber auch diese Lebensform wird an

Quantität und Qualität gemessen. Ein nachhaltiges Leben im Wohlstand birgt auch die Gefahr von Langeweile, Überheblichkeit und Stolz in sich.

Ein bisschen Chaos – allerdings in kontrollierter Form – braucht der Mensch, wenn er gesund und kreativ bleiben will.

Heinrich Harrer, der Erstbesteiger der Eigernordwand, beschreibt die Grundbedürfnisse im Leben eines Menschen mit folgenden Worten: „Ein großer Philosoph hat auf die Frage, was Glück sei, einmal gesagt: Eine Milchsuppe, ein Lager zum Schlafen und keine körperlichen Schmerzen – das ist schon viel."

Wir können das noch erweitern mit den Worten des Extrembergsteigers:
„Trockene Kleider, einen Mauerhaken, auf den man sich verlassen kann, und köstliche, lebenserweckende Getränke – das ist höchstes Glück in der Eigernordwand."

Seele-Körper-Prävention ist der Weg in diese Richtung, wie ich meine. Laufen als eine bestimmte Form des körperlichen Trainings ist ein letztes Abenteuer in dieser überversorgten Welt, ein Abenteuer, in dem wir wieder unsere Sinne schärfen können, ein Abenteuer, das den überversorgten Menschen zu seinen elementaren Bedürfnissen zurückführen kann.

Kapitel 7
Stressmanagement als Ritual

Ohne individuelle Rituale lebt der Mensch nur so in den Tag hinein. Rituale sind tragende Harmonien, durch die die Melodie unseres Lebens erst ihren vollen Klang entfalten kann. Sie stellen markante Unterbrechungen in unserem Alltag dar und laufen somit jeder Gleichförmigkeit und Gleichgültigkeit entgegen.

Rituale beeindrucken durch komplexe Strukturen mit enger Rückkopplung zur rechten Gehirnhälfte, der unsere bildhaften und musikalischen Vorstellungen entspringen. Fürs logische Denken ist die linke Gehirnhälfte verantwortlich, ihr entsprechen die rein analytischen Vorgänge, die linearen Strukturen, die ordnungsgemäß der Reihe nach verlaufen.

Alle räumlichen Aufteilungen, das Ansprechen von Bildern und Musik und die simultane Bahnung über Augen und Ohren kennzeichnen die rechte Gehirnhälfte, die unserem emotionalen Weg vom Kopf zum Herzen steuert.

Nur dann, wenn wir mit ganzem Herzen hinter einer Sache, hinter einem Vorgang stehen, werden wir bereit sein, sie voll in unserem Leben zu integrieren.

Präventionsmanagement haben viele Menschen unter uns vom Kopf her, von ihrem vernunftmäßigen Denken, längst verstanden. Präventionsmanagement mit Änderung unseres Verhaltens wird aber nur dann tägliche Praxis, wenn es unserem ganzheitlichen Denken entspricht. Gefragt ist eine wirksame Kopf-Herz-Strategie, die profane Trainingsübungen auf das Niveau von Ritualen anhebt, weil unser Leben hierdurch verändert werden kann, denn:

Rituale können unser Leben bereichern.

◆ Rituale unterliegen vorwiegend der Steuerung der rechten Gehirnhälfte.

◆ Rituale sind fraktale Strukturen, die beleben und lähmende Gleichförmigkeit unterbrechen.

◆ Rituale haben auch ordnende Strukturen und sind praktisch in ihrer Anwendung.

◆ Rituale haben ganz bestimmte Ziele.

◆ Rituale weisen einen symbolischen Charakter auf.

◆ Viele Rituale weisen eine hohe emotionale Komponente auf – über die Verbindung vom Kopf zum Herzen entsteht Vertrautheit.

◆ Rituale lassen sich gut über Bilder und Musik ausdrücken.

◆ Rituale haben eine heilende Kraft für Körper, Seele und Geist.

Präventionsstrategien erhalten dann einen besonderen Stellenwert im Leben eines Menschen, wenn sie zu wiederkehrenden lieben Gewohnheiten werden.

Erstrebenswert sind dabei Zeittakte, die regelmäßig und ohne großen Aufwand den Tagesrhythmus gestalten.

Ein Telefonat wird zum Ritual befreiter Gelenke, wenn ich regelmäßig aufstehe, dadurch den Rücken entlaste und gleichzeitig die gestresste beugeseitige Schultermuskulatur des rechten Armes dehne.

Sieben Brücken für den Rücken durch regelmäßiges „Tanken von Kraft" über eine rhythmische Pumpgymnastik der Wirbelsäule und des Beckenbodens während der Nachrichtensendung vor dem Fernseher oder vor einer roten Ampel im Straßenverkehr . . .

Hab ein Herz für dein Herz und benutze jede Treppe im Aufstieg, langsam und ohne Eile, pro Sekunde eine Stufe. Der Lift dient nur noch zum Abstieg.

Resümee

Die Gedanken sind frei – durch Ritualisierung eines zentralen Stressmanagements über tägliche Repetitionsübungen.

Hab ein Herz für dein Herz – durch Ritualisierung eines allgemeinen Stressmanagements über tägliches atemgesteuertes Ausdauertraining.

Befreite Gelenke – durch Ritualisierung eines regionalen Stressmanagements über permanentes Elastizitätstraining nach der Intensivstretchingmethode.

Helfen statt Herrschen – durch Ritualisierung des sozialen Stressmanagements nach dem Motto: „Hab ein Herz auch für deine Mitmenschen."

Literaturverzeichnis

Anderson, B: Stretching, Waldeck 1989, Felicitas Hübner.

Becker, W./Krahl, H.: Die Tendopathien, Stuttgart 1978, Thieme.

Benson, H.: Heilung durch Glauben, München 1997, Heyne Verlag.

Brügger, A.: Die Erkrankungen des Bewegungsapparates und seines Nervensystems, Stuttgart 1980, Fischer Verlag.

Csikszentmihalyi, M.: Flow, Stuttgart 1992, Klett-Cotta.

Cooper, K. H.: Bewegungstraining ohne Angst, München/Wien/Zürich 1986, BLV.

Ekstrand, J.: Senkung der Verletzungshäufigkeit an Muskel und Muskelansätzen unter Anwendung der Stretchingmethoden, in: Sölweborn (s. dort).

Hollmann, W./Hettinger, Th.: Sportmedizin. Arbeits- und Trainingsgrundlagen, Stuttgart 1990, Schattauer.

Israel, S. et al.: Die Trainierbarkeit in späteren Lebensabschnitten, Medizin und Sport 22, 1982, 90-93.

Janda, V.: Muskelfunktionsdiagnostik, Berlin 1986, Volk und Gesundheit.

Jung, K.: Sportliches Langlaufen, Puchheim 1984, Idea.

Kendall, F. P.: Muskeln, Funktionen und Test, Stuttgart 1988, Fischer.

Luks, A.: Vom Mehrwert des Guten, Herder Verlag.

Mundy, L.: Prayerwalking T. G. Harris St. Meinrad IN, 1994, Abbey Press.

Nentwig, Ch./Krämer, J./Ullrich, C. H.: Die Rückenschule, Stuttgart 1990, Enke.

Nigst, H./Buck-Gramcko, D./Millesi, H.: Handchirurgie, Stuttgart 1981, Georg Thieme.

Prokop, L.: Einführung in die Sportmedizin für Ärzte, Sportler und Übungsleiter, Stuttgart 1977.

Rauhe, H.: Musik hilft heilen, München 1993, Arcisverlag.

Schnack, G.: Intensivstretching und Ausgleichsgymnastik, Köln 1992, Deutscher Ärzteverlag.

Schnack, G.: Intensivstretching für Läufer, München 1994, sportinform.

Schnack, G.: Gesund und entspannt musizieren, Stuttgart 1994, Fischer.

Schnack, G.: Gesund und fit am Computer, München 1996, Pflaum.

Schnack, G.: Osteoporose Präventionstraining, Köln 1996, Deutscher Ärzteverlag.

Schnack, G.: Die 7 Hanseaten, München, Kösel (in Vorbereitung).

Schoberth, H./Kraft, W./Wittekopf, G./Schmidt, H.: Beitrag zum Einfluß verschiedener Dehnungsformen auf das muskuläre Entspannungsverhalten des M. quadriceps fermoris, in: Medizin und Sport 30, 1990, Nr. 3.

Sölweborn, S./A.: Das Buch vom Stretching, München 1982, Mosaikverlag.

Tittel, K.: Beschreibende und funktionelle Anatomie des Menschen, Stuttgart/New York 1990, Fischer.

Weineck, J.: Sportanatomie, Erlagen 1988, perimed.

Wirhed, R.: Sportanatomie und Bewegungslehre, Stuttgart/New York 1988, Schattauer.

Meine Notizen:

Meine Notizen:

Meine Notizen:

Reinhold Ruthe
Typen und Temperamente
Die vier Persönlichkeitsstrukturen
Taschenbuch, 168 Seiten
ISBN 3-87067-725-2

Jeder Mensch ist einmalig,
einzigartig und spiegelt doch
zugleich einen bestimmten Typ
und damit eine bestimmte
Persönlichkeitsstruktur wider.
Dieses Buch verhilft zur besseren
Selbsteinschätzung, zeigt Stärken
und Schwächen auf und lässt
Gaben und Fähigkeiten ent-
decken.
Mit einem ausführlichen
Persönlichkeitstest.

Fred & Florence Littauer
Ich bin eben so
und kann auch anders
Paperback, 224 Seiten
ISBN 3-87067-787-2

Neben vielen Tests zur Selbstanalyse geht es um die Aus-
wirkungen meines Typs. Wie
können Verletzungen aus der
Vergangenheit heilen? Wo liegen
meine Bedürfnisse? Wie kann ich
andere Menschen besser verstehen? Wo liegen die Ursachen
für meine Unzufriedenheit?
Ein praktisches Arbeitsbuch zur
inneren Heilung und zu positiver
Veränderung.

Brendow | Die neue Ratgeber-Generation

Matthias Hipler
Tausend und eine Nacht
Paperback, 112 S.,
zahlr. s/w-Fotos
ISBN 3-87067-775-9

Wie kann Liebe und Erotik dauerhaft schöner werden? Wie können sexuelle Probleme gelöst und Wünsche erfüllt werden?
Einfühlsam und humorvoll, offen und ohne falsche Scham gibt ein erfahrener Eheberater hilfreiche Anregungen für eine glückliche und erfüllte Partnerschaft.

Reinhold Ruthe
Eins und eins sind wir
Paperback, 112 S.,
zahlr. Illustr.
ISBN 3-87067-776-7

Kann eine Ehe auch nach mehreren Jahren lebendig und interessant sein? Hier finden Sie acht bewährte Strategien, die den Alltagstrott und eingefahrene Konflikte beseitigen. Eine Kur für jede Partnerschaft.

Gert von Kunhardt
Keine Zeit und trotzdem fit
Paperback, 96 S.,
zahlr. Illustr.
ISBN 3-87067-792-9

Dieses Bewegungstraining führt zum Erfolg ohne Leistungsdruck und mit geringstem Zeitaufwand. Motivierende Techniken und Hilfsmittel, Minutentrainings mitten im Alltag, Entspannungsübungen sowie ein Muskel- und Ausdauertraining bringen nachhaltigen Erfolg.